Claude und Jacqueline Lagarde
Der wunderbare Fischzug

Claude und Jacqueline Lagarde

Der wunderbare Fischzug

Biblische Gleichnisse, den Kindern erzählt

HERDER FREIBURG · BASEL · WIEN

Die französische Originalausgabe erschien unter dem Titel
Jésus Christ raconté aux enfants
© 1980 Nouvelles Editions Mame, Paris
Deutsch von Renate Krautmann und Gabriele Raab unter Mitarbeit von Georg Telemann

Illustrationen von Pierre-Henri Boussard

Alle Rechte vorbehalten – Printed in Germany
Für die deutsche Ausgabe:
© Verlag Herder Freiburg im Breisgau 1981
Herstellung: Freiburger Graphische Betriebe 1981
ISBN 3-451-19272-1

Einführung

Im Unterschied zu Kinderbibeln, die das Leben Jesu nacherzählen, stellt dieses Buch die Gleichnisse des Neuen Testamentes und die Machttaten Jesu dar. In einfache Sprache gefaßt, laden die unvergeßlichen biblischen Bilder zum Nachdenken über ihren naheliegenden und auch geheimnisvollen Sinn ein.

Das Werk beginnt mit dem Gleichnis vom Sämann und endet mit der Erzählung von den drei Weisen aus dem Morgenland. Insgesamt liegen dazwischen neun Themenkreise, den vier Evangelisten folgend, und zwar zwei nach Matthäus, drei nach Markus, drei nach Lukas und einer nach Johannes.

Damit antwortet das Buch zunächst einmal auf die Beobachtung, daß viele der religiösen Grundmuster, die die Bibel in Szenen darstellt, in unsern Tagen durch Unkenntnis abhanden kommen. Die vorgelegten Texte möchten sich erst einmal einprägen. Im Gespräch unter Eltern, Erziehern und Kindern wollen sie sich aber auch vergleichen, ausdeuten und weiterdenken lassen.

Somit dient das Buch der außerschulischen Katechese. Den Lesern wollen die ausgewählten Erzählungen zwar zunächst biblisches Wissen vermitteln; in einer tieferen Schicht wollen sie hinführen zu Meditation und Gebet; sie dienen der Reifung des Glaubens bis zur anbetenden Erkenntnis Christi: „Mein Herr und mein Gott!" Dann öffnet sich auch ein neuer Weg zum verstehenden Mitvollzug der Liturgie, deren Gebetssprache im Alten Testament wurzelt. Am Ende sollten die Leser zu einer neuen Haltung vor dem Wort Gottes finden und zur Entdeckung des verborgenen Schriftsinnes. Dazu bietet der Anhang (S. 79–96) Hinweise und Erläuterungen.

Der Inhalt

Der Sämann 9

Matthäus erzählt
Die Brotvermehrung 10
Jesus wandelt auf dem Wasser 12
Jesus heilt ein Mädchen 13
Das verlorene Schaf 14
Das Gleichnis vom Unkraut 15

Lukas erzählt
Der stumme Priester 16
Die Verkündigung an Maria 17
Die Geburt des Johannes 18
Der Erstgeborene 19
Das Licht der Welt 21
Die Weisheit Gottes 22
Der Felsen 24
Der Vater und die beiden Söhne 24
Der barmherzige Samariter 25

Markus erzählt
Menschenfischer 27
Die Kraft Jesu 27
Der Abend und der Morgen 28
Der geschwätzige Aussätzige 30
Der Gelähmte steht auf 30
Die Lampe 32
Alles wächst 32

Matthäus erzählt
Weihnachten 33
Jesus und das Böse 34
Johannes der Täufer 35
Jesus in der Wüste 36
Das Gleichnis von den Talenten 37
Das Hochzeitsessen 39

Markus erzählt
Das kleine Senfkorn 40
Der besänftigte Sturm 41
Die Heilung des Besessenen von Gerasa . . 41
Auferweckung eines Kindes 43
Jesus in Nazareth 44
Das rechte Maß 44

Lukas erzählt
Der Blinde und das Licht 46
Zachäus und die Menschenmenge 47
Der Friedenskönig 48
Die Tempelreinigung 50
Das Festmahl 51
Der Ölberg 51
Das Kreuz 53
Die Auferstehung 54
Die bösen Winzer 54
Der unfruchtbare Feigenbaum 55

Johannes erzählt
Der Wein von Kana 56
Wasser des Lebens 57
Der Kranke am Wasser 58
Lazarus wird wieder lebendig 59
Die Verhaftung 59
Der König Jesus Christus 61
Das leere Grab 61
Der ungläubige Thomas 62
Der wunderbare Fischzug 63
Der gute Hirte 64

Markus erzählt
Der Blinde 65
Petrus versteht nicht 66
Die Verklärung Jesu 67
Die verborgene Größe 69
Der verborgene Reichtum 69
Der gerade Weg 70
Gott ist verborgen 70
Der auferstandene Jesus 71

Lukas erzählt
Die Zungen Gottes 72
Saulus sieht das Licht 73
Das Ende der Gefangenschaft 74

Matthäus erzählt
Die Weisen aus dem Morgenland 77

Zusammenstellung nach Evangelisten

Matthäus

Weihnachten	33
Die Weisen aus dem Morgenland	77
Jesus und das Böse	34
Johannes der Täufer	35
Jesus in der Wüste	36
Das Gleichnis vom Unkraut	15
Die Brotvermehrung	10
Jesus wandelt auf dem Wasser	12
Jesus heilt ein Mädchen	13
Das verlorene Schaf	14
Das Hochzeitsessen	39
Das Gleichnis von den Talenten	37

Markus

Menschenfischer	27
Die Kraft Jesu	27
Der Abend und der Morgen	28
Der geschwätzige Aussätzige	30
Der Gelähmte steht auf	30
Der Sämann	9
Die Lampe	32
Das rechte Maß	44
Alles wächst	32
Das kleine Senfkorn	40
Der besänftigte Sturm	41
Die Heilung des Besessenen von Gerasa	41
Auferweckung eines Kindes	43
Jesus in Nazareth	44
Der Blinde	65
Petrus versteht nicht	66
Die Verklärung Jesu	67
Die verborgene Größe	69
Der verborgene Reichtum	69
Der gerade Weg	70
Gott ist verborgen	70
Der auferstandene Jesus	71

Lukas

Der stumme Priester	16
Die Verkündigung an Maria	17
Die Geburt des Johannes	18
Der Erstgeborene	19
Das Licht der Welt	21
Die Weisheit Gottes	22
Der Felsen	24
Der barmherzige Samariter	25
Der unfruchtbare Feigenbaum	55
Der Vater und die beiden Söhne	24
Der Blinde und das Licht	46
Zachäus und die Menschenmenge	47
Der Friedenskönig	48
Die Tempelreinigung	50
Die bösen Winzer	55
Das Festmahl	51
Der Ölberg	51
Das Kreuz	52
Die Auferstehung	53

Johannes

Der Wein von Kana	56
Wasser des Lebens	57
Der Kranke am Wasser	58
Der gute Hirte	64
Lazarus wird wieder lebendig	59
Die Verhaftung	59
Der König Jesus Christus	61
Das leere Grab	61
Der ungläubige Thomas	62
Der wunderbare Fischzug	63

Lukas (Apostelgeschichte)

Die Zungen Gottes	72
Saulus sieht das Licht	73
Das Ende der Gefangenschaft	74

Der Sämann

Jesus kam in die Gegend von Galiläa. Er saß am Seeufer und sprach zu den Leuten. Eine große Menschenmenge hörte ihm zu. Er redete in Gleichnissen:
„Ein Sämann ging säen. Einiges von den Saatkörnern fiel auf den Weg. Es konnte nicht keimen: Vögel pickten es auf. Einiges fiel auf steinigen Boden. Es konnte nicht gut wachsen: die Erde reichte nicht aus. Es sproßte zwar in die Höhe, aber die Sonne versengte dann alles. Manche Saatkörner fielen in die Dornen. Sie wuchsen nicht richtig: die Dornen erstickten sie. Ein Teil aber fiel auf gutes Erdreich und wuchs stark und gut. Die Saat wurde groß und brachte viel Frucht. Wer Ohren hat zu hören, der höre!"
Jesus erzählte den Menschen das Wort Gottes. Er sprach in Gleichnissen.

Matthäus erzählt

Die Brotvermehrung

Eines Tages fuhr Jesus ganz allein mit dem Boot in eine einsame Gegend, weit weg. Aber da verließen die Leute ihre Städte und gingen hinaus, um ihn zu suchen. Jesus sah die Menschenmenge, er hatte Mitleid mit den armen Leuten und heilte ihre Kranken.

Als es Abend geworden war, kamen die Jünger und sagten zu ihm: „Es ist jetzt spät. Schick die Leute heim. Sie haben hier ja nichts zu essen."
Jesus sagte zu ihnen: „Nein, gebt ihr ihnen zu essen!"
Die Jünger antworteten: „Wir haben hier nur fünf Brote und zwei Fische."
Jesus sagte: „Bringt mir diese fünf Brote und zwei Fische."
Während die Leute sich auf den Boden setzten, nahm er die Brote und die Fische und sprach das Segensgebet. Dann brach er die Brote, und seine Jünger gingen umher und verteilten sie unter die Menge. Alle aßen, soviel sie wollten. Danach aber konnte man sogar noch zwölf Körbe mit den übriggebliebenen Brotstückchen füllen.

Jesus wandelt auf dem Wasser

Nun forderte Jesus seine Jünger auf, ohne ihn ins Boot zu steigen und heimzufahren. Er blieb allein auf einem hohen Berg, weit weg von den Menschen und ihren Städten. Hier betete er. Die Jünger aber waren ohne ihn mitten auf dem großen See, und das in der Nacht! Die Wellen schüttelten das Boot. Der Wind blies wie ein Sturm. Er trieb das Boot zurück.
Am frühen Morgen kam der Herr zu seinen Jüngern: und er ging über das Wasser! Sie sahen es und sagten zueinander: „Ein Gespenst!" Sie hatten große Angst und schrien. Aber Jesus sagte zu ihnen: „Fürchtet euch nicht. Ich bin es!"
Petrus antwortete ihm: „Herr, wenn du es bist, dann laß mich auf dem Wasser zu dir kommen!"
„Komm!" sagte Jesus. Da stieg Petrus aus dem Boot und ging auf dem Wasser. Plötzlich sah er die Wellen und den Wind und bekam Angst. Er begann zu sinken und schrie: „Herr, rette mich, ich gehe unter!" Da streckte ihm Jesus die Hand entgegen und sagte: „Kleingläubiger, du glaubst nicht genug."

Als Jesus zu seinen Jüngern ins Boot gestiegen war, legte sich der Wind. Da fielen die Jünger auf die Knie. Sie beteten und sagten: „Herr, du bist wirklich Gottes Sohn."
Das Boot landete am anderen Ufer. Die Leute jener Gegend erkannten Jesus. Sie brachten alle Kranken zu ihm, und Jesus heilte sie.

Jesus heilt ein Mädchen

Jedermann suchte Jesus auf, um geheilt zu werden. Die Pharisäer von Jerusalem waren gar nicht erfreut darüber. Sie sagten zu den Jüngern: „Wir haben das wahre Wort, das heilt. Nicht ihr. Verschwindet hier." Daraufhin verließ Jesus dieses Gebiet, um zu den Heiden zu gehen.
Eine heidnische Frau kam aus ihrem Haus und rief: „Herr, Sohn Davids, erbarme dich meiner. Meine Tochter ist schwer krank. Bitte, mach sie gesund!"
Jesus schwieg. Da kamen die Jünger zu Jesus und baten ihn: „Herr, heile ihre Tochter."

Jesus antwortete: „Nein, ich bin nur gekommen, die kranken Kinder des Volkes Israel zu heilen."
Die Frau hörte das, drängte sich nah heran und warf sich Jesus zu Füßen. Sie weinte und sagte: „Herr, hab Erbarmen mit mir."
Jesus sagte zu ihr: „Die Hündchen dürfen den Kindern das Brot nicht wegessen." Die Frau antwortete: „Herr, die Hündchen essen aber die Krümel, die vom Tisch fallen."
Da rief Jesus: „Frau, wie groß ist doch dein Glaube!" Und sofort war ihre Tochter geheilt.

Das verlorene Schaf

Jesus sagte: „Ein Mann hat hundert Schafe. Eines Tages verliert er auf den Bergen eines davon. Er durchstreift das Gebirge so lange, bis er es findet. Dann nimmt er es wieder mit nach Hause. Dieser Mensch freut sich mehr über sein wiedergefundenes Schaf als über die neunundneunzig anderen. So ist es mit eurem Vater im Himmel. Er will keines seiner Kinder verlieren."

Das Gleichnis vom Unkraut

Jesus sagte: Mit dem Himmelreich ist es wie mit einem Mann, der guten Samen auf seinen Acker gesät hatte. Eines Nachts, als die Feldarbeiter schliefen, kam sein Feind. Er säte Unkraut auf das Feld und ging davon. Als das Korn wuchs, wuchs auch das Unkraut. Die Feldarbeiter sagten zu ihrem Herrn: „Hast du nicht guten Samen auf deinem Acker gesät? Woher kommt denn das Unkraut?"
„Ein Feind hat es gesät."
„Willst du, daß wir es herausreißen?"
„Nein", sagte der Herr zu ihnen, „dann würdet ihr auch den Weizen ausreißen. Laßt beide zusammen wachsen bis zur Ernte. Im Sommer werde ich zu den Schnittern sagen: Sammelt zuerst das Unkraut und verbrennt es im Feuer. Danach erntet guten Weizen und bringt ihn in meine Scheune."
Die Jünger fragten Jesus: „Was soll dieses Gleichnis bedeuten? Warum hast du es erzählt?"
Jesus antwortete ihnen: „Öffnet eure Ohren, und ihr werdet meine Worte verstehen."

Lukas erzählt

Der stumme Priester

Zacharias war ein sehr alter Priester. Seine Frau hieß Elisabeth und war auch sehr alt. Der Priester und seine Frau hatten das ganze Leben lang Gott um ein Kind gebeten, aber keines bekommen, und sie waren deshalb traurig.
Eines Tages, als Zacharias im Heiligtum des Tempels war, zündete er für Gott das Rauchopfer an. Das Volk betete draußen.
Da erschien der Engel des Herrn dem Zacharias neben dem Altar. Als Zacharias ihn sah, bekam er große Angst. Aber der Engel sagte zu ihm: „Fürchte dich nicht. Gott hat dein Gebet erhört. Deine Frau Elisabeth wird einen Sohn bekommen. Du sollst ihn Johannes nennen, und er wird ein großer Prophet werden. Er wird vom Heiligen Geist erfüllt sein."

Der Priester Zacharias sagte zum Engel: „Ich bin alt und meine Frau auch. Gib mir einen Beweis, daß wir einen Sohn bekommen." Der Engel antwortete: „Ich bin Gabriel, der immer vor Gott steht. Weil du nicht glaubst, wirst du die Sprache verlieren."

Die Leute warteten an der Tür des Heiligtums. Der Priester sollte sie dort segnen, aber er kam immer noch nicht heraus. Plötzlich öffnete sich die Türe, und Zacharias erschien. Er machte große Bewegungen, aber sagte kein Wort. Er war stumm geworden.

Der Priester Zacharias kam nach Hause. Seine Frau Elisabeth war glücklich, daß sie ein Kind erwarten durfte, und dankte Gott.

Die Verkündigung an Maria

Maria, ein junges Mädchen, wohnte in Nazareth im Land Galiläa. Sie war verlobt mit Josef. Der Engel Gabriel erschien ihr und sprach: „Gegrüßet seist du, Maria, du Begnadete, der Herr ist mit dir." Maria erschrak sehr.

Der Engel sagte weiter: „Ich bin Gabriel. Mein Name bedeutet: *Gott hat sich stark gezeigt.* Du wirst einen Sohn bekommen und ihn Jesus nennen. Er wird König werden wie sein Urvater David, und zwar König für immer."
Maria sagte: „Das ist nicht möglich. Ich bin nicht verheiratet." Der Engel antwortete ihr: „Sei ohne Furcht. Der Heilige Geist wird über dich kommen. Gott wird der Vater sein, und dein Kind wird *Sohn Gottes* genannt werden." Da antwortete Maria: „Ich bin die Dienerin des Herrn. Es soll geschehen, wie Gott will."
Maria eilte zum alten Priester Zacharias. Elisabeth wurde vom Heiligen Geist erleuchtet. Sie rief laut: „Du bist mehr gesegnet als alle anderen Frauen, und Jesus, dein Kind, ist auch gesegnet."
Maria sagte: „Ich besinge den Herrn.
Mein Herz ist voll Freude.
Ich bin arm, und er hat auf mich geblickt.
Er hat die Starken niedergeworfen
und die Schwachen aufgerichtet.
Er hat denen Brot gegeben,
die keines haben.
Er hat sich besonnen auf die Verheißung,
die er einst Abraham gab."

Die Geburt des Johannes

Elisabeth, die alte Frau, brachte einen Sohn zur Welt. Die Nachbarn kamen, das Baby anzuschauen. Sie sagten: „Der Herr ist groß!"
Ein Sohn bekam immer einen Namen aus der Familie; alle dachten daher, das Kind sollte Zacharias genannt werden. Aber Elisabeth rief: „Mein Sohn wird Johannes heißen." Alle sagten: „Aber das ist doch nicht der Name seines Vaters."
Da schrieb Zacharias auf ein Täfelchen: „Sein Name ist Johannes." Augenblicklich fand er die Sprache wieder und dankte Gott.
Erfüllt mit Heiligem Geist, sang er:
„Gepriesen sei der Herr, der Gott Israels,
denn er hat sein Volk heimgesucht,
wie er es versprochen hatte.
Und du, kleines Kind,

wirst *Prophet des Herrn* genannt werden,
du wirst vor dem Licht hergehn,
vor der Morgensonne,
die den Todesschatten erhellt."

Der Erstgeborene

Der römische Kaiser befahl: „Zählt alle Bewohner in meinem Reich."
Jeder mußte seinen Namen in seiner Heimatstadt eintragen lassen. Da verließ Josef Nazareth. Er ging mit Maria in seine Heimatstadt Bethlehem. Maria erwartete ein Baby. Als sie in Bethlehem, der Stadt des Königs David, angekommen war, brachte sie ihren Sohn zur Welt. Das Gasthaus war voll. Es gab keinen Platz mehr für sie. Maria wickelte das Kind in Windeln und legte es in eine Krippe zwischen den Tieren.

Es waren arme Hirten in der Gegend. Sie lebten auf den Weiden. Nachts wachten sie reihum bei ihrer Herde. Plötzlich erschien ihnen der Engel des Herrn. Gottes Licht umstrahlte sie. Da bekamen die Hirten große Angst. Aber der Engel sagte zu ihnen: „Fürchtet euch nicht. Ich verkünde euch eine große Freude für das ganze Volk. Der Retter ist geboren, Jesus Christus, der Herr. Geht nach Bethlehem, der Stadt des Königs David. Dort werdet ihr ein Kind finden. Es ist in Windeln gewickelt und liegt in einer Krippe."

Sogleich füllte sich der Himmel mit vielen Engeln. Sie sangen: „Verherr-

licht ist Gott in der Höhe, und auf Erden ist Friede bei den Menschen, die er liebt."

Die Hirten sagten zueinander: „Kommt, wir gehen nach Bethlehem. Wir wollen sehen, was geschieht." Sie fanden Maria, Josef und das Kind, das in der Krippe lag.

Überall erzählten sie, was sie gesehen und gehört hatten. Sie sagten auch weiter, was Gott versprochen hatte. Alle, die ihnen zuhörten, freuten sich. Maria aber bewahrte alle diese Erinnerungen in ihrem Herzen. Sie versuchte zu verstehen, was Gott tat.

Das Licht der Welt

Josef und Maria gingen hinauf zum Tempel von Jerusalem. Sie mußten Gott ein Opfer darbringen für das erstgeborene Kind, wie es im Gesetz des Herrn geschrieben stand.

In Jerusalem lebte ein sehr alter Mann mit Namen Simeon. Er betete ununterbrochen im Tempel. Gott hatte zu ihm gesagt: „Du wirst den Retter sehen, bevor du stirbst."

Er kam zu Maria und Josef, um das Kind anzuschauen. Vom Heiligen Geist getrieben, stand er auf und nahm das Kind in seine Arme. Er dankte Gott und sang: „Herr, jetzt kann ich in Frieden sterben, denn meine Augen haben das Licht gesehen, das die ganze Welt erhellt."

Dann sagte Simeon zu Maria: „Dieses Kind wird die Menschen vor Entscheidungen stellen, viele werden zu Fall kommen, viele werden aufgerichtet. Ein Schwert wird dir durchs Herz dringen." Josef und Maria kehrten nach Nazareth in Galiläa zurück. Das Kind wuchs heran, und Gott erfüllte es mit seiner Weisheit.

Die Weisheit Gottes

Jedes Jahr gingen Maria und Josef zum Osterfest nach Jerusalem. Das Kind Jesus blieb zu Hause, solange es jung war. Als es zwölf Jahre alt war, nahmen seine Eltern es mit zum Fest.

Nach den Festtagen kehrten sie nach Nazareth zurück. Der junge Jesus aber blieb in Jerusalem, ohne daß es seine Eltern wußten. Sie meinten, er sei bei den anderen Leuten, die hinter ihnen gingen. Am Ende des ersten Reisetages fingen sie an, ihn zu suchen, fanden ihn aber nicht. Er war einfach weg. Sie kehrten deshalb nach Jerusalem zurück.
Am dritten Tag fanden sie ihn im Tempel. Der junge Jesus saß mitten unter den Tempellehrern. Er hörte ihnen zu und stellte ihnen Fragen. Die Tempellehrer waren erstaunt über seine Klugheit und Weisheit. Als ihn seine Eltern sahen, waren sie betroffen.
Maria sagte zu ihm: „Kind, warum hast du das getan? Dein Vater und ich haben dich überall gesucht." Jesus sagte zu ihnen: „Warum habt ihr mich gesucht? Ich muß bei meinem Vater sein." Aber sie verstanden nicht, was Jesus meinte.

Der Felsen

Jesus sagte: „Kommt zu mir und hört auf meine Worte. Setzt sie in die Tat um. Dann seid ihr wie dieser Mann: er baut ein Haus und hebt die Erde tief aus, bis er auf Fels stößt. Darauf errichtet er sein Haus. Dann gibt es Hochwasser. Ein Sturzbach kommt und reißt alles fort, nur das Haus bleibt stehen. Es war ja auf Fels gebaut. Kommt zu mir und hört auf meine Worte. Wenn ihr sie nicht in die Tat umsetzt, dann seid ihr wie dieser Mann: er baut sein Haus auf Sand. Es gibt Hochwasser. Ein Sturzbach kommt und reißt alles weg. Das Unglück passiert: auch das Haus stürzt ein."

Der Vater und die beiden Söhne

Jesus sagte: Ein Mann hatte zwei Söhne. Der jüngere bat seinen Vater: „Gib mir mein Erbteil an Geld!" Der Vater gab es ihm. Der Sohn zog daraufhin in ein fernes Land. Er verschleuderte das ganze Geld. Schließlich hatte er überhaupt nichts mehr.
Da kam eine Hungersnot über dieses Land. Der Sohn litt großen Hunger. Er hütete Schweine, und man gab ihm wenig zu essen. Er hätte gerne von den Futterschoten gehabt, die die Schweine bekamen. Aber niemand dachte an ihn.

Da sagte sich der Sohn: „Die Arbeiter meines Vaters bekommen alle Tage gutes Brot, ich aber sterbe vor Hunger. Ich will zu meinem Vater zurück. Ich werde ihm sagen: Ich habe mich gegen den Himmel und gegen dich versündigt. Nimm mich als Arbeiter in deinen Dienst."
Der Sohn brach auf und ging zu seinem Vater zurück. Der Vater sah ihn schon von weitem. Er lief ihm entgegen und küßte ihn. Der Sohn sagte zu ihm: „Vater, ich habe mich versündigt gegen den Himmel und gegen dich. Ich bin nicht mehr wert, dein Sohn genannt zu werden. Nimm mich auf als dein Arbeiter."
Der Vater sagte zu seinen Knechten: „Holt schnell das schönste Kleid, einen goldenen Ring und Schuhe. Schlachtet das Mastkalb. Laßt uns essen und ein Fest feiern. Mein Sohn war tot und lebt wieder. Er war verloren und ist wiedergefunden." Und das Fest begann.
Der ältere Sohn kam vom Feld zurück. Er hörte die Musik und das Tanzen und fragte: „Wieso ein Fest?" Man antwortete ihm: „Dein Bruder ist zurückgekommen."
Da wurde der ältere Sohn zornig und weigerte sich, in das Haus hineinzugehen. Sein Vater kam heraus und sagte zu ihm: „Komm zu uns, mein Sohn!" Aber er wollte nicht. Er sagte: „Ich war immer ein guter Sohn, und für mich hast du nie ein Fest gegeben."
Sein Vater sagte: „Mein Sohn! Du bist immer bei mir. Alles, was mir gehört, gehört auch dir."

Der barmherzige Samariter

Ein Mann, der das alte Gesetz gut kannte, fragte Jesus: „Wer ist mein Nächster?" Jesus antwortete ihm: „Ein Mann ging von Jerusalem nach Jericho hinab. Räuber griffen ihn an. Sie schlugen ihn und raubten ihm alles, was er hatte. Danach flohen sie und ließen in halbtot liegen. Ein Priester kam vorbei. Er sah den Mann liegen, setzte aber seinen Weg fort, weil da Blut war. Auch ein Levit aus dem Tempel kam vorüber. Er sah den Mann, ging aber weiter, weil da Blut war.
Auch einer aus Samarien, der auf Reisen war, kam zu dem Mann. Als er ihn sah, hatte er Mitleid. Er ging zu ihm, wusch das Blut weg, verband ihn und lud ihn auf seinen Esel. Dann brachte er ihn in eine Herberge und sorgte für ihn. Am anderen Morgen gab er dem Wirt Geld und sagte: Küm-

mere dich gut um ihn. Wenn ich wieder vorbeikomme, zahle ich, was du noch gebraucht hast."
Jesus schaute den Mann, der das alte Gesetz gut kannte, an und sagte zu ihm: „Was meinst du wohl: wer hat sich als der Nächste erwiesen für den, der in die Hände der Räuber gefallen ist?"

Markus erzählt

Menschenfischer

Jesus wanderte in der Gegend von Galiläa und kam an das Ufer des Sees. Er sah Fischer, die ihre Netze auswarfen, Petrus und seinen Bruder Andreas. Jesus rief ihnen zu: „Folgt mir!" Und sie verließen ihren Vater und folgten Jesus nach.

Die Kraft Jesu

Jesus ging mit ihnen in die Stadt Kafarnaum. Es war Sabbat, der siebente Wochentag. Er ging in die Synagoge und verkündete das Wort Gottes. Alle waren erstaunt, denn keiner hatte jemals gepredigt wie er.
In der Synagoge war auch ein unglücklicher Mann. Ein böser Geist steckte in ihm. Dieser schrie: „Welches Übel bringst du uns, Jesus von Nazareth?

Geh raus! Wir wissen, daß du der Heilige Gottes bist!" Da drohte ihm Jesus und sagte: „Sei still, unreiner Geist, und geh aus diesem Mann heraus!" Da schüttelte der Geist den Mann ganz stark und fuhr aus mit einem lauten Schrei. Alle erschraken und sagten: „Das Wort Gottes ist mächtig. Es befiehlt sogar den unreinen Geistern, und sie gehorchen ihm."

Danach ging Jesus in das Haus von Petrus und seinem Bruder Andreas. Die Schwiegermutter von Petrus lag im Bett. Sie hatte hohes Fieber. Jesus ging zu der Kranken ans Bett. Er nahm ihre Hand und sagte: „Steh auf!" Augenblicklich verschwand das Fieber, die Frau konnte aufstehen und arbeiten, als wäre nichts gewesen.

Der Abend und der Morgen

Der Tag neigte sich. Die Sonne war untergegangen, und die Abenddämmerung brach herein. Da brachte man viele Kranke zu Jesus und arme Menschen, die von bösen Geistern besessen waren. Die ganze Stadt wartete vor

seiner Tür. Jesus heilte viele der Unglücklichen und trieb böse Geister aus. Er sagte zu ihnen: „Schweigt und sagt vor allem niemandem, wer ich bin!"
In aller Frühe, als es noch dunkel war, stand Jesus auf und ging an einen einsamen Ort. Da betete er. Petrus und seine Begleiter eilten ihm nach. Sie suchten ihn überall, fanden ihn aber lange Zeit nicht.
Als sie ihn endlich gefunden hatten, sagten sie zu ihm: „Alle suchen dich." Der Herr antwortete: „Laßt uns in andere Städte gehen. Ich muß auch ihnen das Wort Gottes verkünden." Und Jesus zog durch Galiäa. Er ging in die Synagogen der anderen Städte und trieb alle bösen Geister aus, denen er begegnete.

Der geschwätzige Aussätzige

Ein Aussätziger kam zu Jesus, fiel vor ihm auf die Knie und sagte: „Wenn du willst, kannst du mich heilen!" Jesus beugte sich voll Mitleid über ihn. Er streckte die Hand aus und sagte zu dem Mann: „Ich will, sei geheilt!" Sofort verließ ihn der Aussatz, und er war wieder gesund.
Jesus sagte zu ihm: „Du kannst jetzt in die Stadt zurückgehen, aber erzähle niemandem, was passiert ist." Aber der Mann war so glücklich, daß er nicht schweigen konnte. Er erzählte jedem, was mit ihm geschehen war. Überall sprachen die Leute von Jesus. Da wollte er nicht mehr in die Stadt zurück, sondern wanderte weiter.

Der Gelähmte steht auf

Jesus kam wieder nach Kafarnaum ans Ufer des Sees. Er war zu Hause. Als es sich herumsprach, daß er da war, besuchten ihn alle. Selbst vor der Tür war kein Platz mehr. Jesus verkündete allen, die ihm zuhörten, das Wort Gottes.
Vier Männer kamen zum Haus, um Jesus zu sehen: sie trugen einen Gelähmten. Aber sie kamen wegen der Menschenmenge nicht durch. Sie deckten deshalb ein Stück vom Dach ab und ließen den Gelähmten durch das Loch zu Jesus hinabgleiten.
Jesus sah ihren Glauben und sagte zu dem Gelähmten: „Mein Kind, deine Sünden sind dir vergeben!" Da waren aber auch einige Männer, die die

Bibel gut kannten. Sie sagten: „Jesus ist ein Lügner, denn nur Gott kann Sünden vergeben. Nur Gott kann die Seele heilen."
Jesus sagte zu ihnen: „Warum sind so böse Gedanken in euren Herzen? Was ist leichter zu heilen, die Seele oder der Körper?"
Aber die Männer antworteten nicht. Jesus sprach weiter: „Der Menschensohn kann Sünden vergeben. Ich werde es euch zeigen."
Dann wandte sich der Herr zu dem Gelähmten und sagte: „Ich sage dir, steh auf und geh nach Hause." Der Gelähmte richtete sich auf und sprang auf seine Füße. Alle sahen ihn gesund davongehen, sie staunten und sagten: „Nie haben wir etwas Ähnliches gesehen."

Die Lampe

Jesus sagte: „Holt man die Lampe, um sie unter den Tisch zu stellen? Oder holt man ein Licht und stellt es dann unters Bett? Hängt man es nicht an die Decke? Befestigt man es nicht am Lampenständer? Alles Verborgene wird einmal offenbar werden und alles Geheime sichtbar. Wer Ohren hat zu hören, der höre."

Alles wächst

Jesus sagte: „Mit dem Reich Gottes ist es wie mit einem Mann, der Samenkörner gesät hat. Nachts, wenn er schläft, und tags, wenn er wacht, wächst das Korn ganz von selber. Aber der Mann weiß nicht, wie. Die Pflanze kommt aus dem Boden. Sie wird ein junger Halm, sie streckt sich, und zuletzt entsteht eine Ähre voller Körner. Die Erde macht alles von selbst. Der Mensch erntet nur, wenn das Korn reif ist. Wer Ohren hat zu hören, der höre."

Matthäus erzählt

Weihnachten

Maria war die Verlobte des Zimmermanns Josef. Eines Tages erschien ein Engel vor ihr und sagte, sie solle die Mutter von Jesus werden, und Maria sagte: Wenn Gott es so will, ist es gut.
Josef war ein guter und gerechter Mann. Als er sah, daß Maria ein Kind erwartete, sprach er nicht weiter darüber. Er wollte nur, daß Maria in Stille ihr Kind bekam. Eines Nachts erschien ihm der Engel des Herrn im Traum und sagte: „Josef, Sohn Davids, nimm Maria zu dir. Sie soll deine Frau sein. Gott hat ihr das Baby geschenkt. Nenne es Jesus, das heißt *Gott rettet.*"
Das alles war von Gott so gewollt. Denn in der Bibel stand geschrieben: „Die Jungfrau wird ein Kind bekommen. Es wird Immanuel heißen, das heißt ‚Gott ist mit uns'."

Jesus und das Böse

Ein böser König regierte das Land. Er hieß Herodes. Als er erfuhr, daß Jesus geboren war, beschloß er, ihn töten zu lassen. Denn er meinte, Jesus wolle selbst König in Israel werden. Aber der Engel des Herrn sagte Josef im Traum: „Steh auf. Nimm das Kind und seine Mutter und fliehe nach Ägypten! Bleibe dort! Ich sage dir, wann du zurückkannst."
Es war mitten in der Nacht, aber Josef stand sofort auf. Er nahm das Kind und seine Mutter und ging fort ins Land Ägypten. Das war von Gott so gewollt. In der Bibel stand: „Aus Ägypten habe ich meinen Sohn berufen."
Der böse König Herodes versuchte immer noch, Jesus zu töten. Er ließ alle Knaben unter zwei Jahren umbringen.
Als Herodes gestorben war, sagte der Engel des Herrn zu Josef im Traum: „Steh auf. Nimm das Kind und seine Mutter und geh zurück ins Land Israel." Josef stand auf, nahm das Kind und seine Mutter und zog aus Ägypten fort. Er ließ sich in Nazareth in Galiläa nieder. Es stand nämlich geschrieben: „Man wird ihn Nazaräer nennen."

Johannes der Täufer

Johannes der Täufer kam in die Wüste. Er trug einen Mantel aus Kamelfell, aß Heuschrecken und wilden Honig. Den Leuten, die zu ihm kamen, rief er zu: „Bittet um Vergebung, denn der Herr kommt bald." Es stand schon in den alten Schriften: „Eine Stimme ruft in der Wüste: bereitet dem Herrn den Weg!"
Viele Leute kamen zu Johannes dem Täufer. Sie bekannten ihre Sünden. Johannes der Täufer tauchte sie ins Wasser des Jordan. Dies ist ein Fluß, der am Eingang des Landes fließt.
Als die Pharisäer und die Herren von Jerusalem sich taufen lassen wollten, sagte Johannes der Täufer zu ihnen: „Ihr seid verlogene Schlangen. Bittet rasch um Vergebung, denn Jesus kommt bald. Er ist schon ganz nah. Er wird nicht mit Wasser taufen, sondern mit Feuer und mit dem Heiligen Geist."
Auch Jesus kam ans Flußufer und wollte sich taufen lassen. Aber Johannes der Täufer wollte nicht. Er sagte: „Ich müßte von dir getauft werden und nicht du von mir." Jesus antwortete ihm: „Laß nur: taufe mich!"

Nach der Taufe stieg Jesus aus dem Wasser. Da öffnete sich plötzlich der Himmel, und Jesus sah den Geist Gottes auf sich herabkommen wie eine Taube. Eine Stimme aus dem Himmel sagte: „Das ist mein geliebter Sohn."

Jesus in der Wüste

Der Geist Gottes führte Jesus in die Wüste. Da sollte er vom Teufel in Versuchung geführt werden. Jesus aß und trank nichts, vierzig Tage und vierzig Nächte lang. Dann quälte ihn der Hunger.
Der Teufel sagte zu ihm: „Wenn du der Sohn Gottes bist, so sag diesen Steinen, daß sie sich in Brot verwandeln." Jesus antwortete: „Nein, der Mensch lebt nicht von Brot allein, sondern von jedem Wort, das aus dem Mund Gottes kommt."
Der Teufel nahm ihn daraufhin mit auf das Dach des Tempels in Jerusalem. Er sagte zu ihm: „Wenn du Gottes Sohn bist, so stürze dich hinunter. Es ist gar nicht gefährlich für dich, denn in der Schrift heißt es: die Engel werden dich auf ihren Händen tragen, daß du dir nicht weh tust." Jesus antwortete: „Nein, denn in der Schrift heißt es: du sollst den Herrn, deinen Gott, nicht auf die Probe stellen."
Darauf nahm der Teufel Jesus mit auf einen sehr hohen Berg. Er zeigte ihm

alle Länder der Erde und sagte zu ihm: „Wenn du vor mir niederkniest, gebe ich dir alle diese Länder, und du wirst König der ganzen Erde!"
Da befahl ihm Jesus: „Weg mit dir, Satan! Denn in der Schrift steht: Den Herrn, deinen Gott, sollst du anbeten und nur zu ihm allein beten."
Da floh der Teufel, und Jesus blieb allein auf dem Berg. Und Engel kamen und bedienten ihn.

Das Gleichnis von den Talenten

Jesus sagte: Mit dem Himmelreich ist es wie mit einem Herrn, der auf eine lange Reise geht. Er ruft seine Diener und sagt zu ihnen: „Kümmert euch um mein Geld!" Dem ersten gibt er fünf Goldbarren, dem zweiten zwei Goldbarren, dem dritten, der ein bißchen dumm war, einen einzigen Goldbarren.
Der erste Diener, der fünf Goldbarren bekommen hatte, erwarb fünf weitere hinzu. Der zweite Diener, der zwei Goldbarren bekommen hatte, erwarb ebenfalls zwei hinzu. Der dritte aber grub ein Loch in die Erde und versteckte darin das Gold seines Herrn.
Nach langer Zeit kommt der Herr von der Reise zurück. Er ruft seine Diener und verlangt Rechenschaft. Der erste, der fünf Goldbarren bekommen hatte, bringt ihm die fünf weiteren Goldbarren, die er hinzugewonnen hat. Der Herr sagt zu ihm: „Sehr gut. Du bist ein guter Diener. Ich werde dich

reich belohnen, und du wirst glücklich mit mir sein." Der zweite Diener, der zwei Goldbarren erhalten hatte, bringt ihm die zwei, die er hinzuverdient hat. Der Herr sagt zu ihm: „Sehr gut. Du bist ein guter Diener. Ich werde dich reich belohnen, und du wirst glücklich mit mir sein." Der Diener, der nur einen einzigen Goldbarren bekommen hatte, war sehr besorgt. Er sagte zum Herrn: „Herr, ich kenne dich gut. Du bist hart, böse und herzlos. Deshalb habe ich Angst bekommen und deinen Goldbarren in der Erde vergraben. Hier ist er! Ich gebe ihn dir zurück." Da antwortete ihm der Herr: „Böser Diener! Faulpelz! Wenn du wirklich gedacht hättest, daß ich hart, böse und herzlos bin, hättest du Angst gehabt und mein Geld auf die Bank getragen. Du hättest dafür wenigstens Zinsen bekommen." Dann befiehlt der Herr: „Nehmt ihm seinen Goldbarren weg. Gebt ihn dem guten Knecht, der schon zehn Goldbarren hat. Werft den schlechten Diener hinaus in die schwarze Nacht."

Das Hochzeitsessen

Jesus sagte: Mit dem Himmelreich ist es wie mit einem Festessen, das ein König an der Hochzeit seines Sohnes gibt. Er lädt seine Freunde ein, aber sie wollen nicht kommen und sagen: „Wir kommen nicht." Der König schickt ihnen seine Diener, um ihnen zu sagen: „Kommt schnell, das Fest beginnt!" Aber die Eingeladenen pfeifen drauf. Der eine geht auf seinen Acker, der andere in seinen Laden. Andere wiederum schlagen seine Diener und töten sie sogar. Der König wird sehr zornig. Er schickt seine Soldaten, um die Mörder zu töten.
Das Hochzeitsmahl war vorbereitet, aber der Saal war leer. Der König sagte zu seinen Dienern: „Geht auf die Straßen. Ladet alle ein, die ihr trefft." Die Diener gehen. Sie rufen alle zusammen, denen sie begegnen. Der Speisesaal ist gefüllt mit Leuten.
Der König kommt herein und betrachtet seine Gäste. Sie tragen alle ihr schönes Hochzeitsgewand. Einer am Ende des Saales hat aber keines an und versteckt sich. Der König sieht ihn und sagt: „Mein Freund, wie konntest du hierherkommen ohne dein Hochzeitskleid?" Der Mann sagt nichts. Und der König fährt fort: „Werft ihn hinaus in die schwarze Nacht. Dort wird er heulen und mit den Zähnen knirschen." Und das Fest konnte beginnen.

Markus erzählt

Das kleine Senfkorn

Es war Abend. Jesus erzählte seinen Jüngern dieses Gleichnis: „Wie sollen wir uns das Reich Gottes vorstellen? Das Reich Gottes ist wie ein Senfkorn. Das ist das kleinste aller Samenkörner. Man sieht es fast nicht. Wenn man es aber in die Erde pflanzt, wächst es hoch, und die Pflanze wird größer als alle anderen Pflanzen im Garten. Sie hat große Zweige, und die Vögel des Himmels kommen und bauen ihre Nester. Wer Ohren hat zu hören, der höre!"
Und die Jünger versuchten zu verstehen, was Jesus ihnen mit dieser Geschichte sagen wollte.

Der besänftigte Sturm

Dann sagte Jesus zu ihnen: „Es ist spät. Fahren wir ans andere See-Ufer." Die Jünger nahmen Jesus in ihrem Boot mit. Die Menschenmenge blieb am Ufer zurück. Plötzlich erhob sich ein starker Sturm. Das Wasser türmte sich rings um das Boot herum auf. Die Wellen schlugen gegen das Boot, das beinahe unterging. Jesus schlief auf einem Kissen hinten im Boot, als ob er nichts bemerkte. Die Jünger bekamen Angst. Sie riefen Jesus, schüttelten ihn, bis er wach wurde, und sagten: „Schnell, Meister, kümmere dich um uns. Mach etwas. Wir müssen sonst sterben." Jesus stand auf und sagte zum See: „Sei still!" und zum Wind: „Schweige!" Sofort legte sich der Wind, und die Wellen wurden glatt.
Dann wandte sich Jesus zu den Jüngern und sagte zu ihnen: „Weshalb diese Angst? Glaubt ihr denn nicht an mich?"
Die Jünger aber bekamen noch mehr Angst. Sie sagten zueinander: „Was ist das für ein Mensch, daß ihm sogar Wind und Wellen gehorchen?"

Die Heilung des Besessenen von Gerasa

Das Boot landete am anderen See-Ufer. Hier war heidnisches Land, das Gebiet der Leute von Gerasa. Jesus stieg aus. Sofort rannte ihm ein armer Mann entgegen. Er kam aus den Grabhöhlen, in denen er wohnte. Niemand konnte ihn festhalten. Er zerriß die Seile, die man um ihn legte, und zerbrach die Ketten, mit denen man ihn fesselte. Der Mann hatte eine schreckliche Kraft.
Tag und Nacht war er in den Grabhöhlen und schrie über die Berge. Er schlug sich mit Steinen und hatte viel Schmerzen. Wer konnte ihn besänftigen?
Der Mann sah Jesus von weitem. Er rannte und warf sich auf die Knie vor ihm. Jesus sagte zu ihm: „Böser Geist, fahre aus diesem armen Mann aus. Ich befehle es dir." Aber der Mann flehte: „Jesus, Sohn des höchsten Gottes, tu mir nicht weh!"
Jesus fragte: „Wie heißt du?" Der Mann antwortete: „Legion ist mein Name, denn wir sind viele. Vertreibe uns bitte nicht von diesem heidnischen Land."
Eine Schweineherde weidete in dieser Gegend. Die bösen Geister sagten

zu Jesus: „Schick uns in die Schweine!" Jesus erlaubte es. Sogleich fuhren alle bösen Geister aus dem Mann heraus und in die Schweine hinein. Dann raste die ganze Herde hinweg und stürzte sich von einem Abhang ins Meer.

Ihre Hirten verstanden das alles überhaupt nicht. Sie flohen in die Stadt und erzählten, was sie gesehen hatten. Die Leute kamen herbei. Sie sahen den armen Mann, wie er ruhig bei Jesus saß. Da bekamen sie ebenfalls große Angst. Sie sagten zu Jesus: „Geh schnell weg aus unserem Gebiet. Wir wollen keinen wie dich."

Jesus stieg in das Boot zurück. Der geheilte Mann fragte: „Darf ich bei dir bleiben?" Aber der Herr sagte zu ihm: „Nein, bleibe in deinem Land. Erzähle allen, was Gott für dich getan, wie er dich geliebt hat." Der Mann ging und erzählte den Heiden, was ihm geschehen war. Alle hörten die frohe Botschaft.

Auferweckung eines Kindes

Jesus ging zurück ins Land der Juden auf die andere Seite des Sees. Eine zahlreiche Menge versammelte sich um ihn. Ein Synagogenvorsteher kam, Jaïrus mit Namen. Er fiel auf die Knie vor Jesus und sagte zu ihm: „Mein Töchterchen liegt im Sterben. Komm und heile es schnell!" Jesus ging zum Haus des Synagogenvorstehers, die Menschenmenge hintennach. Leute kamen ihnen auf dem Weg entgegen, die Diener des Jaïrus. Sie sagten zu ihm: „Stör den Herrn nicht weiter, deine Tochter ist tot!" Aber Jesus sagte: „Hab keine Angst, Jaïrus. Glaube nur!" Und Jesus ging wieder weiter. Die Menge folgte ihm, ohne zu verstehen.

Jesus kam vor das Haus des Synagogenvorstehers. Da war eine große Unruhe. Leute weinten und schrien. Jesus ging ins Haus hinein. Er fragte: „Warum weinen sie? Das Kind ist nicht tot: es schläft!" Alle lachten Jesus

aus. Da wies er sie vor die Tür. Er blieb alleine drin mit dem Vater und der Mutter des Kindes. Auch Petrus, Jakobus und Johannes, der Bruder von Jakobus, waren dabei.
Jesus geht zu dem Mädchen hinein. Er nimmt seine Hand und sagt zu ihm: „Mädchen, ich sage dir, steh auf!"
Das Kind stand sofort auf und ging umher, als wäre nichts gewesen. Alle, die dabei waren, bekamen große Angst. Jesus sagte zu ihnen: „Sagt bitte niemandem etwas. Gebt dem Kind etwas zu essen!" Das Wort Gottes ist stark.

Jesus in Nazareth

Jesus ging danach in seine Heimatgegend. Seine Jünger waren bei ihm. Es war Sabbat, der siebte Wochentag. Jesus ging in die Synagoge. Er verkündete das Wort Gottes. Die Leute waren erstaunt. Sie sagten zueinander: „Wir kennen ihn gut. Er heißt Jesus und ist Zimmermann, der Sohn von Maria. Wie sollte der ein Prophet sein?" Sie verstanden nichts von der Weisheit Gottes und von seinen Wundern. Sie meinten, alles zu wissen, und verstanden überhaupt nichts.
Jesus sagte zu ihnen: „Ein Prophet ist nicht beliebt weder in seiner Heimat noch in seiner Familie." Er konnte zu Hause gar keine Wunder wirken, denn niemand glaubte an ihn. Das Wort Gottes ist verborgen.

Das rechte Maß

Jesus sagte: „Wenn ihr Ohren habt, macht sie weit auf. Je mehr ihr zu verstehen versucht, desto mehr werdet ihr auch verstehen. Ihr werdet mit dem Maß gemessen, das ihr selber benützt. Wer schon Licht hat, bekommt noch mehr. Wer keines hat, wird es ganz verlieren."

Lukas erzählt

Jesus nahm seine zwölf Apostel mit sich hinauf nach Jerusalem. Unterwegs sagte er zu ihnen:
„Der Menschensohn muß den Heiden ausgeliefert werden. Er wird auch sterben, aber am dritten Tag auferstehen. Erinnert euch an das, was die alten Propheten gesagt haben."
Aber die Apostel verstanden nichts.

Der Blinde und das Licht

Jericho ist die erste Stadt am Eingang zum Gelobten Land. Jesus kam nach Jericho mit seinen zwölf Aposteln, und eine große Menschenmenge folgte ihm nach.
Ein Blinder saß am Straßenrand und bettelte. Da hörte er die Menge kommen und fragte: „Was ist los?" Man antwortete ihm: „Jesus von Nazareth kommt." Der Blinde rief: „Jesus, Sohn Davids, hab Erbarmen mit mir. Ich bin in der Finsternis!" Die Leute gingen ganz nah an ihm vorbei und achteten nicht auf ihn. Manche ermahnten ihn: „Blinder, sei still!" Aber der Blinde schrie noch lauter: „Jesus, Sohn Davids, erbarme dich meiner!" Plötzlich blieb Jesus stehen und sagte: „Hört, man ruft mich!" Und er vernahm den Ruf: „Sohn Davids, hab Erbarmen mit mir!"

Da befahl Jesus, nach dem Blinden zu suchen. Jesus fragte ihn: „Was soll ich für dich tun?" Der Blinde antwortete: „Herr, ich will sehen." Jesus sagte zu ihm: „Sieh, dein Glaube hat dich geheilt!" Sofort sah er das Licht. Er pries Gott, und die Menschenmenge freute sich. Und er folgte Jesus.

Zachäus und die Menschenmenge

Jesus ging nach Jericho hinein und die Menschenmenge hinterher. In der Stadt wohnte ein Mann namens Zachäus. Er war sehr reich, und niemand liebte ihn.
Er sah die Menschenmenge, aber Jesus konnte er nicht sehen. Er war nämlich klein. Da kam er auf eine Idee. Er lief voraus und stieg auf einen Baum,

gerade über der Straße. Jesus kam näher, und die Menge folgte ihm. Als er unter dem Baum angekommen war, hielt Jesus an. Er blickte auf, sah Zachäus und sagte zu ihm: „Komm schnell herunter. Ich will zu dir nach Hause kommen." Zachäus sprang auf den Boden und empfing den Herrn in seinem Haus. Er freute sich.
Die Menge wartete draußen vor dem Haus. Sie murrte gegen Jesus und sagte: „Zachäus ist ein Dieb und ein Sünder. Zu ihm geht Jesus? Er ist vielleicht gar nicht so gut, wie man sagt."
Währenddessen sagte Zachäus im Haus zu Jesus: „Ja, Herr, ich werde die Hälfte meines Geldes den Armen geben. Wenn ich einen bestohlen habe, ohne es zu wollen, gebe ich ihm viermal so viel zurück, wie ich ihm genommen habe." Jesus sagte zu ihm: „Zachäus, heute bist du in das Land eingezogen, das dem Abraham versprochen worden ist."

Der Friedenskönig

Jesus zog nach Jerusalem. Auf dem Ölberg, der gegenüber der Stadt liegt, sagte er zu seinen Jüngern: „Sucht mir einen kleinen Esel in dem Dorf da unten." Die Jünger gingen und fanden den Esel. Sie nahmen ihn mit. Die Leute fragten sie: „Warum nehmt ihr den Esel mit?" Die Jünger antworteten, was Jesus ihnen gesagt hatte: „Der Herr braucht ihn."
Jesus stieg auf das Eselchen und ritt nach Jerusalem. Die Jünger breiteten ihre Mäntel wie einen Teppich auf dem Weg aus. Sie waren fröhlich und sangen:
„Gesegnet sei der König,
der kommt im Namen des Herrn.
Im Himmel Friede und
Herrlichkeit in der Höhe!"

Die Tempelreinigung

Jesus ging in den Tempel, das Haus Gottes. Da waren Händler, die Opfertiere verkauften. Jesus sagte zu ihnen: „Erinnert euch, was in der Schrift steht: Mein Haus soll ein Haus des Gebetes sein. Ihr aber habt daraus eine Räuberhöhle gemacht." Da verjagte Jesus alle Händler mit ihren Tieren aus dem Tempel.
Die Hohenpriester und die Ältesten sagten zu Jesus: „Warum hast du das getan?" Jesus antwortete ihnen: „Und ihr, warum habt ihr nicht an Johannes, den Täufer, geglaubt?" Die Hohenpriester und die Stadtherren wurden zornig. Sie gingen weg und beschlossen, Jesus töten zu lassen. Sie erteilten den Befehl: wenn jemand wußte, wo Jesus war, so sollte er es melden, damit sie ihn festnehmen lassen konnten.

Das Festmahl

Der Osterfesttag kam näher. Man mußte das Osterlamm schlachten. Jesus sagte zu Petrus und Johannes: „Geht an den Stadteingang. Da seht ihr einen Mann mit einem Wasserkrug. Folgt ihm. Er wird in ein Haus gehen, und dann fragt ihn: *In welchem Raum kann der Meister mit seinen Aposteln das Osterlamm essen?* Der Mann wird mit euch hinaufgehen und einen Raum mit Sitzkissen zeigen." Petrus und Johannes gingen und fanden alles, wie es ihnen Jesus gesagt hatte.
Jesus setzte sich mit seinen Aposteln zu Tisch und sagte zu ihnen: „Ich werde weggehen, aber eines Tages zurückkommen, um mit euch zu essen."
Danach nahm Jesus Brot, sprach das Dankgebet, brach es und reichte es seinen Jüngern mit den Worten: „Das ist mein Leib, der für euch hingegeben wird. Tut dies zu meinem Gedächtnis."
Nach dem Essen nahm Jesus den Kelch und machte es genauso mit den Worten: „Dieser Kelch ist der Neue Bund in meinem Blut, das für euch vergossen wird."
Judas war einer der zwölf Apostel. Der Teufel fuhr in ihn. Judas sagte den Hohenpriestern und den Stadtherren, wo sich Jesus aufhielt. Sie freuten sich sehr darüber und gaben Judas Geld für seinen Verrat.

Der Ölberg

Danach ging Jesus hinaus auf den Ölberg. Seine Jünger folgten ihm. Jesus ging allein in eine Ecke und betete: „Vater, wenn du willst, nimm diesen Kelch von mir. Aber nicht mein, sondern dein Wille soll geschehen." Da erschien Jesus ein Engel vom Himmel und half ihm. Jesus betete weiter, und Blutstropfen liefen von seinem Gesicht.
Nach seinem Gebet fühlte sich Jesus stärker. Er ging zu seinen Jüngern zurück, fand sie aber schlafend. Jesus sagte zu ihnen: „Steht auf und betet!"
Judas, der Verräter, führte die Soldaten in den Garten. Jesus fragte: „Wen sucht ihr?" Sie antworteten: „Jesus von Nazareth." Jesus sagte: „Ich bin es." Die Soldaten wichen zurück und fielen zur Erde. Jesus fragte sie noch einmal: „Wen sucht ihr?" Sie antworteten: „Jesus von Nazareth!" Der Herr sagte: „Ich bin es." Da packten die Soldaten Jesus.
Aber ein Freund von Jesus zog sein Schwert und schlug einem Soldaten das

Ohr ab. Jesus sagte: „Hör auf damit. Es reicht." Und er heilte den Soldaten, indem er das Ohr berührte. Jesus wurde zu den Hohenpriestern und Ältesten geführt, die ihn zum Tode verurteilten.

Das Kreuz

Die Soldaten kreuzigten Jesus zwischen zwei Verbrechern, einer rechts, einer links. Jesus sagte: „Vater, vergib ihnen, denn sie wissen nicht, was sie tun."

Das Volk stand dabei und sah, ohne zu verstehen. Die Ältesten verlachten ihn und sagten: „Andern hat er geholfen, aber sich selber kann er nicht helfen." Die Soldaten lachten und schrien: „Bist du der König der Juden, dann hilf dir selber."

Einer der Verbrecher, die mit ihm gekreuzigt wurden, verhöhnte ihn ebenfalls. Er sagte zu Jesus: „Wenn du mächtig bist, dann hilf dir selbst und auch uns." Aber der andere Verbrecher antwortete ihm: „Schweige, wir haben Böses getan, nicht er. Er ist gut." Zu ihm sagte Jesus: „Du wirst bei mir sein, wenn ich heute im Paradies bin."

Etwa um die sechste Stunde verdunkelte sich die Sonne. Drei Stunden lang herrschte Finsternis über dem Land. Der Vorhang im Tempel riß mitten durch. Jesus rief laut: „Vater, in deine Hände lege ich meinen Geist!" Und er starb.

Die Auferstehung

Gerade vor dem Sabbat wurde Jesus in ein Grab gelegt, das neu in den Felsen gehauen war. Am dritten Tag danach geschah aber dies: Zwei Jünger waren unterwegs von Jerusalem zu einem Dorf, Emmaus. Sie sprachen über alles, was passiert war. Jesus kam und ging mit ihnen. Aber die beiden Jünger erkannten ihn nicht. Jesus sagte zu ihnen: „Warum seid ihr traurig?" Die Jünger sagten zu ihm: „Was? Weißt du es nicht: sie haben doch Jesus gekreuzigt." Da erklärte ihnen der Herr die Schrift, Mose und die Propheten. Da hätten sie verstehen können, warum Jesus auf die Welt gekommen war und warum er sterben mußte.
Sie kamen in das Dorf. Es war schon Abend, und die beiden Jünger sagten zu Jesus: „Die Nacht kommt: bleibe bei uns!" Sie setzten sich zu Tisch. Jesus nahm das Brot, sprach das Segensgebet, brach es und gab es ihnen. Da gingen ihnen die Augen auf, und sie erkannten ihn. Aber da war der Herr schon wieder verschwunden.
Sie kehrten nach Jerusalem zurück und fanden die anderen Jünger in einem Raum versammelt. Jesus kam in ihre Mitte und sagte: „Friede sei mit euch!" Aber sie glaubten, ein Gespenst zu sehen. Jesus sagte zu ihnen: „Seht meine Hände und meine Füße an. Faßt mich doch an: ein Geist hat weder Haut noch Knochen!" Jesus sagte noch: „Gebt mir zu essen!" Die Jünger gaben ihm ein Stück gegrillten Fisch, und er aß es. Da glaubten seine Jünger, daß Jesus auferstanden war.

Die bösen Winzer

Jesus sagte: „Ein Mann legte einen Weinberg an. Er verpachtete ihn an Winzer und reiste für längere Zeit in ein anderes Land.
Eines Tages schickte er nun einen Knecht zu den Winzern. Sie sollten ihm Trauben geben. Aber die Winzer schlugen den Knecht und verjagten ihn, ohne ihm etwas zu geben.
Ein wenig später schickte er einen anderen Knecht. Die Winzer schlugen ihn noch mehr und verjagten ihn, wieder ohne ihm Trauben zu geben. Der Besitzer schickte noch einen dritten Knecht. Er wurde verwundet wie die beiden ersten, und die Winzer warfen ihn hinaus. Was tut der Besitzer des Weinbergs: er kommt selber, tötet die bösen Winzer und gibt den Weinberg

anderen." Die Ältesten verstanden nicht, was Jesus mit dieser Geschichte meinte.

Der unfruchtbare Feigenbaum

Jesus sagte: Ein Mann hatte in seinem Weinberg einen Feigenbaum gepflanzt. Er wollte Früchte ernten, fand aber keine. Da sagte er zum Winzer: „Drei Jahre suche ich jetzt schon Früchte an diesem Feigenbaum und finde keine. Reiß ihn aus, denn er nimmt den guten Boden weg." Aber der Winzer antwortete: „Meister, warte noch ein Jahr. Ich will den Boden um ihn herum aufgraben und düngen. Vielleicht bringt er nächstes Jahr Frucht. Wenn nicht, dann laß ihn umhauen."

Johannes erzählt

Der Wein von Kana

Eines Tages fand in Kana eine Hochzeit statt. Die Mutter Jesu war eingeladen und auch Jesus mit seinen Jüngern. Während des Essens ging der Wein aus. Die Mutter Jesu merkte es und sagte zu ihm: „Sie haben keinen Wein mehr!" Jesus sagte zu ihr: „Frau, was willst du von mir? Meine Stunde ist noch nicht gekommen." Die Mutter Jesu sagte zu den Dienern: „Tut alles, was er euch sagen wird." Es standen da sechs steinerne Wasserkrüge zum Waschen. Jesus sagte zu den Dienern: „Nehmt das Wasser in den Krügen und bringt es dem Speisemeister." Sie brachten ihm das Wasser. Der Speisemeister versuchte es: es war in Wein verwandelt. Er wußte das nicht und sagte zum Bräutigam: „Jeder setzt zuerst den guten Wein vor und danach den weniger guten. Du jedoch hast den guten Wein bis zuletzt aufgehoben."

Das war das erste Zeichen Jesu. Er zeigte seine Macht, und seine Jünger glaubten an ihn.

Wasser des Lebens

Jesus kam durch die Gegend von Samaria. Vom Weg müde, setzte er sich an einen Brunnen, den man heute noch Jakobsbrunnen nennt. Eine Frau aus der Gegend, eine Samariterin, kam Wasser holen. Jesus sagte zu ihr: „Gib mir zu trinken." Die Samariterin sagte zu ihm: „Was, du als Jude verlangst von mir, einer Ausländerin, zu trinken? Das verstehe ich nicht!" Jesus antwortete ihr: „Wenn du wüßtest, wer ich bin, würdest du Wasser von mir verlangen!" Die Samariterin sagte zu Jesus: „Wie willst du mir Wasser geben? Der Brunnen ist tief, und du hast kein Schöpfgefäß. Bist du etwa größer als unser Vater Jakob, der das Wasser aus diesem Brunnen sprudeln ließ?"
Jesus sagte zu ihr: „Wer von meinem Wasser trinkt, bekommt nie mehr Durst. Das lebendige Wasser, das ich ihm gebe, verwandelt sich in ewiges Leben." Die Frau sagte zu ihm: „Herr, gib mir von deinem lebendigen Wasser."

Der Kranke am Wasser

Die Juden hatten ein Fest, und Jesus ging hinauf nach Jerusalem. Da in der Stadt gab es einen Teich, den Schaf-Teich. Blinde, Kranke und Lahme lagen um ihn herum. Sie warteten, daß der Engel des Herrn herabkäme, um das Wasser im Teich zu bewegen. Wenn das Wasser aufwallte, wurde der erste, der darin badete, geheilt. Es war auch ein Mann da, der seit 38 Jahren krank war. Er lag am Ufer.
Jesus sah ihn und sagte zu ihm: „Willst du gesund werden?" Der Kranke sagte zu ihm: „O ja, Herr! Ich würde gern, aber keiner bringt mich ins Wasser." Jesus sagte zu ihm: „Du brauchst dieses Wasser da nicht. Steh auf und geh!" Der Mann sprang auf seine Füße. Er war geheilt.
Aber es war gerade Sabbat, der siebente Wochentag. Die Ältesten waren in Wut über Jesus. An diesem Tag durfte er nämlich nicht heilen, denn das war der jüdische Sonntag, der Tag Gottes.

Lazarus wird wieder lebendig

Ein Mann namens Lazarus war sehr krank. Er wohnte zusammen mit seinen beiden Schwestern Martha und Maria. Ihr Haus stand in Bethanien, einem kleinen Dorf bei Jerusalem. Die beiden Schwestern schickten jemand zu Jesus und ließen ihm sagen: „Komm schnell. Dein Freund Lazarus ist schwer krank."
Als Jesus von der Krankheit seines Freundes hörte, beeilte er sich nicht. Er wartete zwei Tage, bis er aufbrach. Dann sagte er zu seinen Jüngern: „Laßt uns nach Jerusalem gehen. Ich werde meinen Freund Lazarus heilen. Diese Krankheit wird das Licht Gottes zeigen."
Seine Jünger sagten: „Geh nicht hin. Die Ältesten werden dich umbringen." Jesus sagte: „Lazarus schläft, ich will ihn aufwecken." Aber die Jünger verstanden nicht. Sie gingen mit Jesus, hatten aber große Angst.
Als sie nach Bethanien kamen, war Lazarus bereits tot. Er war schon seit vier Tagen im Felsengrab. Martha sagte zu Jesus: „Wenn du dagewesen wärst, wäre mein Bruder nicht gestorben." Jesus sagte zu ihr: „Lazarus wird auferstehen. Ich bin die Auferstehung." Sie verstanden die Worte des Herrn nicht. Maria weinte im Haus drin. Als sie hörte, daß Jesus da war, rannte sie hinaus, warf sich dem Herrn zu Füßen und sagte: „Wenn du dagewesen wärst, wäre mein Bruder nicht gestorben." Da weinte Jesus. Alle sagten: „Er war sein Freund. Er liebte ihn wirklich."
Das Grab des Lazarus war eine Höhle, die mit einem großen Stein verschlossen war. Als Jesus hinkam, sagte er: „Nehmt den Stein weg!" Man nahm den Stein weg. Er erhob die Augen zum Himmel, betete und sprach: „Vater, ich danke dir: du erhörst mich immer." Dann rief er laut: „Lazarus, Lazarus! Komm vom Tod zurück!"
Lazarus kam aus dem Felsengrab. Seine Füße waren noch mit Binden umwickelt und sein Gesicht mit einem Schweißtuch verhüllt. Jesus sagte: „Befreit ihn von der Kleidung der Toten und laßt ihn weggehen!"

Die Verhaftung

Das Osterfest kam heran. Jesus ging mit seinen Jüngern hinaus auf die andere Seite des Baches. Es war abends nach dem Essen. Ein schöner Garten war da. Jesus ging mit seinen Jüngern hinein. Aber der Verräter Judas

kannte den Ort gut. Die Stadtherren hatten angeordnet: Wenn jemand weiß, wo Jesus sich aufhält, soll er es melden, daß man ihn verhaften kann. Judas, der Verräter, führte die Soldaten in den Garten. Jesus fragte sie: „Wen sucht ihr?" Sie antworteten: „Jesus von Nazareth." Jesus sagte: „Ich bin es." Die Soldaten wichen zurück und fielen auf den Boden. Jesus fragte sie noch einmal: „Wen sucht ihr?" Sie antworteten: „Jesus von Nazareth." Der Herr sagte: „Ich bin es." Da packten die Soldaten Jesus. Sie fesselten ihn mit Seilen und führten ihn zu den Hohenpriestern und Stadtherren.

Der König Jesus Christus

Die Soldaten führten Jesus zu Pilatus, dem römischen Landpfleger, denn nur er konnte ein Todesurteil bestätigen. Pilatus sagte zu Jesus: „Willst du König sein anstelle unseres Kaisers?" Jesus sagte: „Mein Reich ist nicht von dieser Welt." Pilatus verstand nicht. Die Hohenpriester und Stadtherren sagten: „Der römische Kaiser ist unser König." Die Menge schrie: „Kreuzige ihn. Umbringen, umbringen!" Pilatus sagte: „Da, nehmt euren König und macht, was ihr wollt!"
Die Soldaten packten Jesus und ließen ihn sein Kreuz zur Schädelhöhe tragen, hebräisch *Golgotha* genannt. Sie nagelten Jesus ans Kreuz zwischen zwei Verbrecher. Pilatus ließ ein Schild anfertigen, auf dem stand: „Jesus, König der Juden." Aber die Ältesten sagten: „Er ist nicht unser König."
Dann teilten sich die Soldaten Jesu Kleider. Sie warfen über sein Untergewand das Los. In der Schrift steht: „Sie verteilten meine Kleider unter sich und warfen das Los um mein Gewand."
Ein Soldat ging ans Kreuz. Er sah, daß Jesus tot war, und durchbohrte ihm die rechte Seite mit seiner Lanze. Sofort floß daraus Blut und Wasser. Auch das stand schon in der Schrift.
Die Jünger kamen, um den Leichnam Jesu abzuholen und zu bestatten. Ganz in der Nähe war ein schöner Garten. Dort war ein neues Grab in einen Felsen gehauen. Man legte Jesus schnell hinein, denn das Osterfest sollte beginnen. Das Grab wurde mit einem großen Stein verschlossen.

Das leere Grab

Am Sonntag, dem dritten Tag nach Jesu Tod, kam Maria von Magdala früh zum Grab. Sie sah, daß es leer war. Der große Stein war weggewälzt. Sie lief daraufhin zu Petrus und einem anderen Jünger und rief ihnen zu: „Der Leichnam des Herrn ist gestohlen worden, wir wissen nicht, wo er ist."
Petrus und der andere Jünger kamen sofort zum Grab. Petrus war als erster da. Er sah am Boden die Binden und das Leichentuch liegen, aber Jesus war nicht mehr da. Verwirrt gingen die Jünger zur Stadt zurück.
Maria blieb allein beim Grab und weinte. Dann drehte sie sich um: Jesus war da, genau neben ihr, aber sie wußte nicht, daß er es war. Sie hielt ihn für den Gärtner. Jesus sagte zu ihr: „Frau, warum weinst du? Wen suchst

du?" Sie sagte zu ihm: „Gärtner, du hast ihn gestohlen. Sag mir, wo du ihn hingelegt hast." Jesus sagte zu ihr: „Maria". Da erkannte sie ihn und sagte: „Rabbuni" – das heißt: mein Herr. Und Jesus schickte sie zu den Jüngern.

Der ungläubige Thomas

Am selben Abend waren die Jünger im Haus versammelt. Sie hatten die Türen verschlossen aus Angst vor den Hohenpriestern und Ältesten. Jesus trat in ihre Mitte und sagte: „Friede sei mit euch!" Er zeigte ihnen seine Hände und seine Seite. Als sie die Zeichen der Wunden sahen, begriffen die Jünger, daß er es war. Er sagte nochmals zu ihnen: „Friede sei mit euch." Dann hauchte er sie an und sprach: „Empfangt den Heiligen Geist. Wie mich mein Vater gesandt hat, so sende ich euch. Geht überall hin und sagt, daß ich auferstanden bin."
Thomas, einer der zwölf Apostel Jesu, war nicht dabei. Die anderen sagten zu ihm: „Wir haben den Herrn gesehen." Aber er glaubte es nicht und sagte: „Nein, das ist nicht möglich. Wenn ich nicht meine Hände in das Mal seiner Nägel legen kann, glaube ich nicht."
Acht Tage später waren die Jünger wieder im Haus versammelt. Dieses Mal war Thomas dabei. Jesus trat in ihre Mitte und sagte: „Friede sei mit euch."

Dann sagte er zu Thomas: „Lege deinen Finger hierher. Berühre meine Hände und meine Seite. Glaubst du jetzt?" Da kniete Thomas Jesus zu Füßen und betete: „Mein Herr und mein Gott." Jesus sagte zu ihm: „Du hast geglaubt, weil du gesehen hast. Selig sind die, die nicht sehen und doch glauben."

Der wunderbare Fischzug

Danach zeigte sich Jesus den Jüngern nochmals am Ufer des Sees von Tiberias. Das war so: Petrus sagte: „Ich gehe fischen." Seine Freunde sagten: „Wir auch." Sie stiegen alle sieben ins Boot. Aber diese Nacht fingen sie gar nichts.
Morgens früh erschien Jesus am Ufer. Die Jünger wußten nicht, daß er es war. Jesus rief ihnen zu: „Werft das Netz auf der rechten Seite des Bootes aus." Sie taten es und fingen so viele Fische, daß sie sie nicht aus dem Wasser ziehen konnten. Der Jünger, den Jesus liebte, sagte: „Das ist der Herr." Als er das hörte, warf sich Petrus ins Wasser und schwamm zu Jesus.

Ein Kohlenfeuer brannte am Ufer. Darin brutzelten Brot und Fische. Jesus sagte: „Holt die Fische, die ihr gerade gefangen habt." Es waren 153, und trotzdem riß das Netz nicht.
Jesus sagte zu ihnen: „Kommt essen." Kein Jünger wagte zu fragen: „Wer bist du?" Sie wußten, daß es der Herr war. Da kam Jesus, nahm das Brot und reichte es ihnen. Das war das dritte Mal, daß Jesus sich nach seiner Auferstehung seinen Jüngern zeigte. Nach dem Essen rief Jesus Petrus zu sich und sagte: „Von nun an sollst du Menschen fischen."

Der gute Hirte

Jesus sagte: „Amen, amen, das sage ich euch: der Schäfer geht durch die Tür des Schafstalls. Der Dieb nimmt einen anderen Weg. Der durch die Türe geht, ist immer der Hüter der Schafe. Sie kennen seine Stimme: es sind ja seine Schafe. Er ruft eines nach dem anderen mit Namen und läßt sie hinaus. Wenn seine Tiere draußen sind, geht er vor ihnen her, und sie folgen ihm, weil sie seine Stimme kennen. Sie kennen nicht die Stimme der Diebe." Als Jesus dieses Gleichnis erzählte, verstanden die Ältesten nicht, was er damit sagen wollte.

Markus erzählt

Der Blinde

Auf der anderen Seeseite war eine Stadt namens Bethsaida. Jesus überquerte das Wasser mit seinen Jüngern. Sie kamen nach Bethsaida.
Die Leute brachten einen Blinden zu Jesus und sagten: „Berühre ihn!" Da nahm Jesus den Blinden bei der Hand und führte ihn aus der Stadt hinaus. Als sie draußen waren, spuckte Jesus auf den Boden und machte einen Brei. Dann bestrich er mit dem Brei die Augen des Blinden, breitete die Hände über seinem Kopf aus und fragte: „Siehst du etwas?"
Der Blinde fing an zu sehen. Er antwortete: „Ich sehe Leute wie Bäume, die umhergehen." Jesus legte nochmals seine Hände auf die Augen des Blinden. Danach sah dieser ganz deutlich und war geheilt. Er sah alles, und er sah alles sehr gut. Jesus sagte zu ihm: „Geh nach Hause, aber nicht in die Stadt hinein."

Petrus versteht nicht

Jesus ging mit seinen Jüngern nach Cäsarea Philippi. Das war weit weg, fast außerhalb des Landes.

Jesus ging voraus. Er fragte die Jünger, die ihm folgten: „Für wen halten mich die Leute?" Sie antworteten: „Einige für Johannes den Täufer, die anderen für Elija oder einen Propheten."
Da blieb Jesus stehen und schaute seine Jünger an. Er fragte sie: „Und ihr, für wen haltet ihr mich?" Petrus ergriff als erster das Wort und sagte: „Du bist der Messias!" Jesus sagte zu ihm: „Sag das niemand anderem."
Dann ging Jesus weiter. Unterwegs erklärte er seinen Jüngern alles. Er sagte zu ihnen: „Der Menschensohn wird viel leiden. Die Hohenpriester und Ältesten werden ihn töten. Aber der Menschensohn wird drei Tage später auferstehen."
Petrus hörte das und wurde zornig. Er lief, Jesus zu überholen, und rief: „Nein, das ist nicht möglich. Ich will es nicht." Aber der Herr drehte sich um und schaute seine Jünger an. Zu Petrus sagte er: „Bleib weg von mir, Satan. Deine Gedanken sind nicht die Gedanken Gottes, sondern die von Menschen."
Jesus sagte zu seinen Jüngern und zu der Menschenmenge, die ihnen folgte: „Wenn einer mir nachfolgen will, muß er sein Kreuz auf sich nehmen. Wer sein Leben retten will, wird es verlieren. Wer sein Leben um meinetwillen verliert, wird es gewinnen."

Die Verklärung Jesu

Sechs Tage später, an einem Sonntag, ging Jesus mit Petrus, Jakobus und Johannes auf einen hohen Berg. Niemand sonst war dabei. Sie waren allein, weit weg von den Menschen.
Da wurde Jesus verwandelt. Sein Antlitz und seine Kleider wurden strahlend wie Licht und weiß wie Schnee. Elija und Mose erschienen ihnen. Die beiden alten Propheten sprachen mit Jesus.
Petrus ergriff das Wort und sagte: „Herr, hier ist es gut. Laß uns drei Hütten bauen, eine für dich, eine für Mose und eine für Elija." Da bedeckte sie eine große Wolke wie ein Schattenzelt. Eine Stimme ertönte aus der Wolke und sagte: „Das ist mein geliebter Sohn. Hört auf ihn."
Plötzlich sahen sie gar nichts mehr. Jesus war allein mit ihnen. Alles war wie zuvor. Sie stiegen vom Berg herab, und Jesus sagte: „Erzählt niemand, was ihr gesehen habt. Wartet, bis ich auferstanden bin." Das Wort Gottes ist verborgen.

Die verborgene Größe

Jesus und seine Jünger gingen nach Jerusalem hinauf.
Jesus sagte zu ihnen: „Die Menschen werden den Menschensohn töten, aber er wird drei Tage später auferstehen." Die Jünger verstanden diese Worte nicht, denn sie hatten Angst zu verstehen.
Sie kamen nach Kafarnaum, einer Stadt am See. Sie gingen ins Haus, und Jesus fragte sie: „Was habt ihr unterwegs gesprochen?" Die Jünger wagten nicht zu antworten. Sie hatten sich gestritten, weil jeder der Größte sein wollte.
Jesus setzte sich und rief die zwölf Apostel. Er sagte zu ihnen: „Wer der Größte sein will, soll der Kleinste sein. Wer der Erste sein will, muß der Letzte sein. Dann liebt ihn mein Vater!"
Dann nahm Jesus ein Kind, stellte es vor sich und nahm es in die Arme mit den Worten: „Wer ein solches Kind um meinetwillen aufnimmt, der nimmt mich auf. Und wer ihm weh tut, der tut mir weh."
Man brachte kleine Kinder zu Jesus, aber die Jünger jagten sie weg. Jesus bekam deshalb einen Zorn und sagte zu seinen Jüngern: „Laßt die Kinder zu mir kommen, denn das Himmelreich ist für solche Menschen, die ihnen gleichen."
Das Wort Gottes ist verborgen.

Der verborgene Reichtum

Jesus ging weiter, und seine Jünger folgten ihm. Ein Mann lief auf ihn zu, warf sich vor Jesus auf die Knie und sagte: „Guter Meister, was muß ich tun, um das ewige Leben zu gewinnen?"
Jesus fragte ihn: „Warum nennst du mich gut? Nur Gott ist gut. Um das ewige Leben zu gewinnen, mußt du das tun, was im Gesetz steht." Der Mann antwortete ihm: „Guter Meister, das habe ich immer getan." Jesus sah ihn daraufhin an und liebte ihn. Er sagte: „Eines fehlt dir noch: verkaufe alles, was du hast, gib es den Armen, und du wirst einen Schatz im Himmel haben. Dann komm und folge mir nach!" Da wurde der Mann ganz traurig, denn er hatte viel Geld.
Jesus blickte um sich und sagte zu seinen Jüngern: „Es ist leichter für ein Kamel, durch ein Nadelöhr zu gehen, als daß ein Reicher ins Reich Gottes

kommt." Die Jünger sagten zu Jesus: „Aber das ist doch unmöglich, wer kann denn dann noch gerettet werden?" Jesus schaute sie an und sagte: „Was für Menschen unmöglich ist, ist bei Gott möglich." Das Wort Gottes ist verborgen.

Der gerade Weg

Jesus und seine Jünger gingen hinauf nach Jerusalem. Jesus ging voraus und seine Jünger hinterher, aber sie hatten Angst. Jesus rief die zwölf Apostel und sagte zu ihnen: „Der Menschensohn wird den Hohenpriestern ausgeliefert werden. Diese geben ihn den Heiden, die ihn töten werden. Aber der Menschensohn wird drei Tage später wieder auferstehen."
Jakobus und sein Bruder Johannes kamen zu Jesus und sagten zu ihm: „Meister, du wirst König sein, und wir wollen rechts und links von deinem Thron sitzen. Wir wollen allen anderen befehlen." Jesus sagte zu ihnen: „Die Volksführer befehlen wie Herren. Im Reich Gottes aber muß der Größte der Kleinste sein. Der Herr muß der Diener und Sklave der anderen sein. Tut das zum Andenken an mich: der Menschensohn ist gekommen, sein Leben für seine Freunde hinzugeben." Das Wort Gottes ist schwierig.

Gott ist verborgen

Jesus kam nach Jerusalem zum Osterfest. Er wurde von den Soldaten der Hohenpriester im Garten am Ölberg verhaftet. Es war nachts. Die Hohenpriester und der Hohe Rat waren versammelt, um Jesus zu verurteilen. Sie suchten einen Grund, ihn töten zu lassen, fanden aber keinen. Falsche Zeugen sagten: „Jesus hat gesagt: Ich zerstöre den Tempel und baue ihn in drei Tagen wieder auf."
Da stand der Hohepriester auf und sagte zu Jesus: „Erklär uns das." Aber Jesus sagte nichts. Er schwieg. Der Hohepriester fragte ihn nochmals: „Bist du der Messias, der Sohn des Hochgelobten?"
„Ich bin es", antwortete Jesus. „Ihr werdet mich bald im Himmel zur Rechten Gottes sitzen sehen." Da wurde der Hohepriester sehr zornig, und Jesus wurde zum Tode verurteilt, denn für die Juden war dies eine Gotteslästerung. Sie begannen, auf den Herrn zu spucken und ihn zu schlagen. Dann

legten sie ihm ein Tuch aufs Gesicht, damit sie ihn nicht mehr anschauen mußten.

Der auferstandene Jesus

Drei Tage später, am Ostersonntag, kamen Maria aus Magdala und die andere Maria zum Grab. Sie wollten den Leichnam Jesu mit Myrrhe salben. Es war frühmorgens bei Sonnenaufgang. Die beiden Frauen sagten zueinander: „Wer wird uns den Stein wegwälzen, der das Grab verschließt?" Aber sie schauten nach und sahen, daß der große Stein auf die Seite gewälzt war. Und dabei war er so groß. Sie gingen ins Grab hinein. Da sahen sie einen jungen Mann in einem weißen Gewand sitzen. Er sagte zu ihnen: „Erschreckt nicht! Ihr sucht Jesus, den Gekreuzigten? Der ist auferstanden und nicht mehr hier."
Die beiden Frauen gingen aus dem Grab und rannten davon. Sie sagten niemandem etwas, weil sie große Angst hatten.

Lukas erzählt

Die Zungen Gottes

Pfingsten kam. Die zwölf Apostel waren zum Gebet versammelt. Plötzlich erfüllte ein Sturmesbrausen das Haus. Die Apostel sahen Feuer auf die Anwesenden herabkommen. Das Feuer hatte die Form von Zungen. Alle wurden vom Heiligen Geist erfüllt. Sie sprachen alle Sprachen der Erde. Menschen aus allen Ländern bewohnten Jerusalem. Sie hörten das Getöse und kamen zusammen. Sie waren erschrocken, als sie die Apostel in jeder ihrer Sprachen sprechen hörten. Sie fragten sich, wie das möglich sei. Einige verspotteten aber die Apostel und sagten: „Sie haben zu viel Wein getrunken."
Petrus stand mit den Aposteln auf, ergriff das Wort und sprach: „Männer von Jerusalem, hört zu! Wir haben keinen Wein getrunken, denn es ist erst neun Uhr morgens. Es ist noch zu früh zum Trinken. Ich erkläre euch, was passiert ist. Denkt daran, was die alten Propheten sagten: In den letzten Tagen wird es geschehen, daß Gott seinen Geist über alle Menschen ausbreitet. Gott wird überall Wunder tun. Der Herr wird kommen, und dies wird ein großer Heilstag werden. Alle, die den Herrn darum bitten, werden gerettet werden.

Und ihr, Männer Israels, hört auf mich! Jesus von Nazareth ist zu euch gekommen. Er hat machtvolle Taten und Wunder vollbracht, wie ihr wißt. Ihr habt ihn an einem Kreuz umgebracht. Aber Gott hat ihn auferweckt. Heute schickt uns Jesus seinen Geist, wie es Gott versprochen hat."
Als sie diese Worte hörten, ließen sich viele taufen und empfingen den Heiligen Geist. Aber die Hohenpriester und Ältesten wurden zornig und wollten die Apostel umbringen lassen.

Saulus sieht das Licht

Saulus aus Tarsus ließ die Jünger des Herrn verfolgen. Der Hohepriester des Tempels sagte zu ihm: „Gehe nach Damaskus und suche die Christen. Feßle sie mit Ketten und bring sie hierher nach Jerusalem."

Saulus ging nach Damaskus. Plötzlich kam ein Licht vom Himmel. Es umstrahlte ihn hell. Er fiel zu Boden. Er sah gar nichts mehr. Da hörte er eine Stimme sagen: „Saulus, Saulus, warum tust du mir so weh?" Saulus fragte: „Wer bist du, Herr?" Die Stimme antwortete: „Ich bin Jesus, den du verfolgst. Steh auf und geh in die Stadt. Dort wird man dir sagen, was du tun sollst."
Die Soldaten, seine Begleiter, waren erschrocken stehengeblieben. Sie verstanden nichts. Sie hörten die Stimme, sahen aber nichts.
Saulus stand auf. Er öffnete zwar die Augen, sah aber nur Dunkelheit. Man führte ihn an der Hand nach Damaskus. Drei Tage lang aß und trank er nichts und sah immer noch nichts. Am dritten Tag hatte Ananias, ein Jünger Jesu in dieser Stadt, eine Erscheinung. Der Herr rief ihn: „Ananias." Er antwortete: „Hier bin ich, Herr." Jesus sagte zu ihm: „Geh ins Haus des Judas in der geraden Straße. Frage nach Saulus aus Tarsus. Leg ihm die Hände auf, damit er wieder sieht." Ananias antwortete: „O nein, Herr, er würde mich töten." Der antwortete: „Geh, sage ich. Dieser Mann wird mein Apostel für die Heiden sein."
Ananias ging weg, um Saulus zu suchen. Er ging in das Haus, fand Saulus blind und schwach daliegen, legte ihm die Hände auf und sagte: „Saulus, mein Bruder, der Herr schickt mich, daß du sehend wirst. Sei mit Heiligem Geist erfüllt!" Sofort fiel es wie Schuppen von seinen Augen, und Saulus sah wieder. Er wurde getauft, aß Brot und kam wieder zu Kräften.
Saulus ging aus dem Haus. Er verkündete der ganzen Stadt, daß Jesus der Sohn Gottes sei. Viele verstanden nicht und sagten zueinander: „Ist das nicht Saulus von Tarsus, der die Christen verfolgte?" Aber Saulus erklärte allen, daß Jesus der Messias der Schrift sei. Da beschlossen die Hohenpriester und die Ältesten, ihn töten zu lassen.

Das Ende der Gefangenschaft

Saulus konnte fliehen und wurde nun Paulus genannt, das bedeutet *Kleiner*. Er ging sehr weit durch heidnische Länder und verkündete überall die Frohe Botschaft. Er wurde in Wirklichkeit ein großer Apostel.
Paulus kam mit seinem Freund Silas in die Stadt Philippi. Eine unglückliche Frau war von einem bösen Geist besessen. Sie verfolgte die beiden überall und schrie: „Hört, Leute. Sie sagen die Wahrheit. Es sind Männer Gottes."

Paulus wurde unwillig, drehte sich um und sagte zu dem bösen Geist: „Im Namen Jesu Christi, fahr aus dieser Frau aus." Und sofort fuhr der Geist aus.
Die Herren der Frau verdienten viel Geld mit ihr, weil sie die Zukunft voraussagen konnte. Sie sagten der Polizei: „Diese Männer bringen Unordnung in die Stadt. Nehmt sie gefangen." Paulus und Silas wurden verhaftet und eingesperrt.
Mitten in der Nacht beteten Paulus und Silas. Sie dankten Gott. Die anderen Gefangenen hörten es. Plötzlich bebte die Erde, und die Mauern wankten. Die Türen öffneten sich, und die Ketten der Gefangenen fielen ab.
Der Gefängniswärter schlief. Plötzlich wachte er auf, sah die Türen offen und glaubte, daß die Gefangenen geflohen seien. Da nahm er sein Schwert, um sich zu töten. Aber Paulus rief laut: „Tu dir kein Leid an. Wir sind hier."
Der Wärter bat um Licht. Er kam und kniete vor Paulus und Silas nieder.

Er zitterte. Dann stand er auf und ließ die Gefangenen hinausgehen. Er fragte Paulus: „Was muß man tun, um gerettet zu werden?" Paulus antwortete ihm: „Glaube an den Herrn, und du wirst mit deiner Familie gerettet."

Das war nachts. Der Wächter wusch die Striemen der Gefangenen. Er empfing sofort die Taufe mit seiner ganzen Familie. Der Wärter sagte: „Kommt zu mir." Alle aßen und waren voller Freude, denn sie glaubten an Gott.

Als es Tag wurde, verlangten die Ältesten von Paulus und Silas, daß sie sofort das Land verließen. Aber sie beeilten sich nicht. Sie beteten noch mit den Christen aus der Stadt.

Matthäus erzählt

Die Weisen aus dem Morgenland

Jesus ist in Bethlehem geboren, einem kleinen Dorf in Judäa. Das war zur Zeit des Königs Herodes. Da kamen heidnische Sterndeuter von sehr weit her. Sie hielten in Jerusalem an und fragten: „Wo ist der neugeborene König der Juden? Wir haben seinen Stern aufgehen sehen am Himmel. Wir sind gekommen, ihn anzubeten."
Der König Herodes wurde unruhig. In Jerusalem war jeder unruhig. Herodes versammelte die Hohenpriester und den Hohen Rat. Er fragte sie, wo der Messias geboren werden sollte.
Sie sagten ihm: „In Bethlehem, einem kleinen Dorf in Judäa, denn einer der Propheten sagt:
Du, Bethlehem,
bist nicht nur ein kleines Dorf.
Bei dir wird ein großer König
geboren werden, ein Stern
für Israel, mein Volk."
Da sagte Herodes zu den Sterndeutern: „Das Kind ist in Bethlehem geboren. Geht dorthin. Betet es an und kommt zurück, um mir zu sagen, wo es genau wohnt. Dann will ich es auch anbeten."
Die Sterndeuter gingen nach Bethlehem. Der Stern, den sie hatten aufgehen sehen, erschien ihnen wieder. Er zog vor ihnen her und blieb über dem Kind stehen. Die Sterndeuter sahen den Stern und waren von Freude erfüllt: Da war Jesus Christus vor ihnen mit Maria, seiner Mutter. Sie öffneten ihre Koffer und gaben ihm Gold wie einem König, Weihrauch wie Gott, Myrrhe wie dem Auferstandenen. Dann gingen sie auf einem anderen Weg in ihr Land zurück.
Wer Ohren hat zu hören, der höre!

Hinweise zu den Texten

Der Sämann
Das Gleichnis vom Sämann eröffnet bei Matthäus eine Reihe von sieben Gleichnissen (Mt 13) und bei Markus den Tag der Gleichnisreden (Mk 4). Daher steht diese Erzählung auch am Anfang des vorliegenden Buches. Ein guter Sämann streut die Saatkörner weder auf den Weg noch in die Dornen. Was soll dieser ungeschickte Sämann also bedeuten? Er symbolisiert den Herrn, und das Saatgut stellt das Handeln Jesu Christi in der Welt dar. Das Evangelium fällt auf alles Erdreich, sogar auf völlig unbearbeitetes. Was für eine Verschwendung! Der Herr scheint sich des Ergebnisses sicher zu sein (Joh 16,33), der Satan kann die Ausbreitung des Wortes nicht behindern.
Jeder von uns kann das selbst erfahren. Auch wenn wir schlechtes Erdreich sind, geben wir Frucht, denn der Herr sät wirksam aus, wie schon der Prophet Jesaja sagte (Jes 55,10–11).
Die wiederholte Erwähnung Galiläas und des Sees ist im Markusevangelium ein Hinweis auf das Leben dieser Welt. Jesus Christus kommt nach Galiläa, um den Weg zum Reich Gottes zu zeigen, um die Menge, zu der auch wir gehören, dazu einzuladen, das Wasser wie die Israeliten beim Auszug aus Ägypten zu durchschreiten. Der Durchzug durch das Meer führt zum Gelobten Land, nämlich zur Auferstehung.

1. Matthäusevangelium

Die Brotvermehrung (Mt 14,13–21)
Jesus fährt im Boot an einen einsamen Ort. Die Überfahrt über das Wasser ist eine Anspielung auf den Tod, auf Ostern. Diese in der Religionsgeschichte geläufige Symbolik findet sich häufig in der Bibel (Durchzug durch das Rote Meer, Sintflut, Erschaffung der Welt, wo Gott das trockene Land von den Wassern scheidet).
Als es Abend geworden war (Mt 26,20 und 27,57) und „die Stunde vorüber war" (Anklang an Mt 26,45), treten die Jünger und nicht nur die Apostel an Jesus heran. Der Abend spielt oft auf das Lebensende an, so wie die Dunkelheit das Ende der Sklaverei in Ägypten kurz vor dem Pascha anzeigte. Das Morgenrot erinnert hingegen an die Schöpfung (Gen 1,3) und die Auferstehung (Ps 130,7). Die Jünger (wir) treten an Jesus den Auferstandenen heran wie damals bei der Brotvermehrung. Wieder gibt er uns Brot und Fische, Manna und Wachteln (Ex 16). Leichte Anspielung auf die Erschaffung der Welt mit der Zahl 7 (5 Brote und 2 Fische). Die himmlische Nahrung dient der Ausbreitung des Evangeliums: die Jünger teilen sie an die aus, die zum Essen kommen. Der Überfluß ist Zeichen für das Handeln Gottes, der reichlich gibt (2 Kön 4,44). Im Ps 78, 25–29 wird dieser Überfluß besungen.
Mit dieser Erzählung von der Brotvermehrung weist die Urkirche auf das Letzte Abendmahl voraus. Im Markusevangelium ist Jesus der Gute Hirte, der auf dem Gras lagern läßt (Mk 6,39) und Nahrung gibt, und die verlorenen Schafe laufen herbei (Ps 23,2). Damit wird auf die Taufe hingewiesen. Die zwölf Körbe besagen, daß die Gabe sich an alle richtet (12 Stämme, 12 Apostel, 144 000 Gerechte). Sie erinnern auch daran, daß das Manna nur eine vergängliche Nahrung war (Ex 16,19–21), während die Eucharistie, das Sakrament des Neuen Bundes, im Überfluß vorhanden ist.

Jesus wandelt auf dem Wasser (Mt 14,22–36)
Nun müssen die Jünger das Wasser überqueren (Ex 14,15). Unsere Aufgabe ist es, den Schwierigkeiten von Leben und Tod ins Auge zu sehen. Dem Anschein nach sind wir allein auf dem Wasser. Jesus ist nicht da, es ist Nacht. Das Boot „Kirche" wird durch Wellen und Gegenwind bedrängt. Matthäus schreibt in einer Zeit der Verfolgung (des Sturms).
Aber für den Glauben ist Jesus Christus nicht abwesend. Wie Mose (Ex 33,18–23) ist er auf dem Berg, d. h. im Himmel. Wie Mose ist er nicht endgültig fortgegangen (Ex 32,1), sondern folgt dem Boot von weitem. Beim Morgengrauen kommt er. Die Jünger vermuten in ihm einen Geist, ein Gespenst. Aber der da kommt, ist ein Lebender, nicht ein Toter. Er schreitet auf dem Wasser, er ist Herr darüber. Wie Mose (Ex 14,21) und Noach (Gen 7,17) besiegt er den Tod. Der Herr gibt sich mit dem Wort zu erkennen, das der im brennenden Dornbusch geoffenbarte Name Gottes ist (Ex 3,14). Das Wort im griechischen Text kann gleichermaßen mit „Ich bin" oder mit „Ich bin es" übersetzt werden.
Petrus, der erste der Jünger, versucht Jesus nachzuahmen. Aber ohne dessen Hilfe sinkt er in den Tod (Mt 26,29). Wir können das österliche Geheimnis nicht leben ohne die Hilfe Jesu, ohne den Glauben, den er uns gibt. Wenn Jesus Christus im Boot ist, legt sich der Gegenwind, und alles fällt vor ihm nieder (Mt 14,33). Das Wasser ist bereits überquert. Die Ausbreitung des Evangeliums muß beginnen: der Herr befreit vom Bösen, das das Heil der Welt verhindern will.

Jesus heilt ein Mädchen (Mt 15,21–28 und 16,1–4)
Das Mädchen ist Heidin. Im Alten Testament gelten die Städte Tyrus und Sidon als Symbole des Heidentums (Ez 26–28). Ein rätselhaftes Leiden kettet den Heiden an den Tod. Jesus Christus rettet das Mädchen aus dieser tödlichen Versklavung, da seine Jünger (wir) und die heidnische Mutter darum bitten. Ein Hinweis auf die Eucharistie: die Brotkrumen fallen vom Tisch, der für das auserwählte Volk gerichtet ist. Die Heiden sammeln sie auf, und so lassen sie sich schließlich auch zum Gastmahl am Ende der Zeiten einladen (Apg 10,44).

Das verlorene Schaf (Mt 18,12–14)
Kein Hirte auf der Welt würde seine Herde im Stich lassen, um hinter einem verlorenen Schaf herzulaufen. Der eigentliche Sinn des Gleichnisses erweist sich als Erfüllung der Prophezeiung aus Ez 34. Das Schaf stellt den Bruder dar, der in der christlichen Gemeinschaft (der Herde) in die Irre geht. Wir alle sollen uns als Hirte fühlen, verantwortlich für unseren Nächsten. Tatsächlich verhält sich ja auch der Getaufte manchmal wie ein unmündiges Kind (Mt 18,5 und 10) und wird zum verlorenen Schaf. Schon Paulus verwendete das Bild vom Kind, als er von verantwortungslosem Handeln sprach (1 Kor 14,20 und Eph 4,14). Wir sollen demnach das „kleine Kind" im Glauben aufnehmen, damit es wächst. Hat Gott das nicht auch so mit Israel gemacht (Hos 11,1–2)?

Das Gleichnis vom Unkraut (Mt 13,24–30)
Das Gleichnis vom bedrohten Korn enthält bezüglich Ackerbau ebenfalls eine Unstimmigkeit: Kein Bauer ließe sein Feld vom Unkraut überwuchern. Gott aber gibt diesem Unkraut anderer Art einen Platz. Er liebt es. Im Bereich des Glaubens brauchen wir nicht über das Böse zu beunruhigen, das uns bedroht. Der Menschensohn selbst hat uns dafür ein Beispiel gegeben, als er den Tod annahm. Das „Weizenkorn" muß sterben, um zu leben (Joh 12,24). Es muß sogar seine Feinde lieben können (Mt 5,44). So wird es die Früchte der Gottesliebe hervorbringen. Und so wird das Unkraut verzehrt werden durch das Feuer der Liebe, das alles Böse in Gutes verwandelt (Jes 40,7–8).

Zusammenfassung
Im Mittelpunkt dieser ersten Unterweisung steht die Eucharistie. Das Brot des Himmels, das an alle ausgeteilt wird, ist der Leib Christi. Er allein ermöglicht ein Leben, in dem das Böse und der Tod überwunden werden. Jesus hat als erster das österliche Geheimnis gelebt, als er allein übers Wasser ging. An uns ist es jetzt, dem Herrn zu folgen. Der Auferstandene ist handelnd gegenwärtig und begleitet uns bei unserem Auftrag als Christen, allen Menschen das Evangelium zu verkünden.
Die Erinnerungen an ein Wunder Jesu und an eine Erscheinung am Ostermorgen am Ufer des Sees (Joh 21) sind von Matthäus in ein Glaubensbekenntnis umgeformt worden. So haben sie einen tieferen Sinn und Bezug zur Gegenwart bekommen.

2. Lukasevangelium

Der stumme Priester (Lk 1,5–25)
Im Lukasevangelium spielt der Tempel eine wichtige Rolle. Dort sind wir gleich zu Beginn des Evangeliums mit Zacharias. Dort kommt man auch nach der Auferstehung zusammen: „Die ganze Zeit blieben sie im Tempel und priesen Gott" (Lk 24,53). Es ist der Ort des Gebetes und des Wortes Gottes. Lukas zeigt, wie beides vom Priester des Alten Testamentes (Zacharias) an die Kirche als Verwalterin eines neuen Priestertums übergeht. Das Zeichen des Lukas in der christlichen Ikonographie ist der Stier. Er kommt aus der Offenbarung des Johannes (4,7), der das Bild aus Ez 1,10 wieder aufgenommen hat.
Zacharias, dessen Name „Gott hat sich erinnert" bedeutet, verkörpert den Alten Bund, der alt und unfruchtbar geworden ist. Früher hat er Propheten hervorgebracht, die das Wort Gottes verkündeten, aber sie sind getötet worden (Apg 7,52). Er wird nochmals einen Propheten hervorbringen, den letzten, der die Ankunft des Messias vorbereiten wird. Das wird Johannes sein, der Sohn eines Priesters wie Jeremia, der leidende Prophet (Jer 1,1).
Am Ende des Rauchopfers trat der Priester gewöhnlich aus dem Heiligtum heraus, um das draußen wartende Volk zu segnen. Hier wird das Volk vergeblich warten, denn Zacharias ist stumm. Das Wort wird anderen übergeben werden. Hinter diesem Bericht zeichnet sich der vom alten Priester Eli ab, dessen Söhne nicht würdig waren, ihrem Vater nachzufolgen. Deshalb wird der junge Samuel an ihrer Stelle Priester und Prophet im Tempel werden (1 Sam 1,1–3,19).
Der Engel Gabriel, dessen Name ungefähr „Mann Gottes" bedeutet, erinnert an das schöpferische Handeln Gottes. Das Wort Gottes ist wirksam: Gott spricht, und es wird (Jes 55,10–11). Die Schöpfung setzt sich in Jesus Christus, dem Wort, weiter fort.

Die Verkündigung an Maria (Lk 1,26–46)
Maria steht im Gegensatz zu Zacharias. Sie ist ein junges Mädchen, bald Mutter, arm und ohne gesellschaftlichen Rang. Gott wendet sich an sie wie damals der Engel an die Mutter Simsons (Ri 13,3). Sie glaubt und empfängt das Kind durch den Heiligen Geist. Lukas legt Maria das Wort Saras, der Frau Abrahams, in den Mund (Gen 18,14). So bringt er die Kontinuität des Handelns Gottes und seine Treue in Erinnerung. Durch seine Demut und

sein Opfer deutet Isaak schon hin auf Jesus. Er ist Zeichen der Verheißung (Gen 22).
Das Magnificat erinnert an das gesamte Beten Israels. Es antwortet auf den Lobpreis Hannas, der Mutter Samuels (1 Sam 2,1–10). Es besteht aus aneinandergereihten Psalmsätzen. Der Sinn ist klar: Jesus Christus ist die von Israel herbeigesehnte Vollendung der Schriften. Im Gegensatz zu Zacharias setzt Maria die Linie des Alten Testamentes fort.

Die Geburt des Johannes (Lk 1,57–79)
Sie spielt sich im Dorf ab und erregt kein weiteres Aufsehen. Die Namensänderung von Zacharias in Johannes („Gott hat begnadet") betont den Bruch und den Neuanfang (Jes 65,15 und Offb 2,17). Sie macht die geänderte Beziehung Gottes zum Menschen deutlich (Jes 62,4). Wie an Pfingsten löst sich unter Einwirkung des Heiligen Geistes die Zunge, und der alte Priester kann den Lobgesang anstimmen.
Von Beginn seines Evangeliums an bringt Lukas den Heiligen Geist ins Spiel. Er handelt und steht hinter den Ereignissen. Dieser Geist war schon im Alten Testament gegenwärtig (Num 11,24–30). Nach Pfingsten wird er auf alle Menschen guten Willens herabsteigen (Joel 3,1–3).
Wie das Magnificat ist auch der Lobgesang aus mehreren Psalmsätzen zusammengesetzt. Nach der Erinnerung an die Verheißung Gottes besingt Zacharias die Erfüllung der Schrift durch die Geburt des Propheten Johannes (1,76). Er bringt Johannes mit dem Auferstandenen in Verbindung, der durch die aufgehende Sonne im Vers 78 symbolisiert wird.

Der Erstgeborene (Lk 2,1–20)
Jesu Geburt hebt sich von der des Johannes ab. Diese erregte kein Aufsehen, Jesus jedoch wird im Beisein des gesamten Himmels geboren. Seine Geburt ist von kosmischer Reichweite. Läßt der Kaiser nicht die ganze Erde aufzeichnen, die völlig unter seiner Herrschaft steht (Lk 20,20)?
Diese (geschichtlich ungesicherte) Aufzeichnung hat einen biblischen Vorläufer: die Volkszählung Davids vor seinem Tode (2 Sam 24,10). Der „Neue David" setzt die Linie in völlig anderer Richtung fort. Er wird in den Netzen des Kaisers gefangen, aber zu unserem Glück: die Sünde hat das Heil möglich gemacht. Lukas unterstreicht die davidische Abstammung Jesu und fügt den Ausdruck „erstgeborener Sohn" hinzu, der an die Auferstehung denken läßt (Kol 1,15 und 18), und nicht etwa an die Existenz von später geborenen Brüdern Jesu. Jesus Christus, der auferweckte Sohn, wird aber eine Vielzahl von Brüdern im Glauben haben, die sein Werk fortsetzen. Die Windeln und die Krippe kennzeichnen die Bescheidenheit des christlichen Lebens.
Der Bericht der Hirten unterstreicht dies noch: Was die Großen nicht bemerken, sehen die Kleinen, weil sie auch in der Nacht wachen (Lk 12,35–45). Diese Nacht meint eine Zeit ohne Wort, ohne Prophezeiung, eine Zeit der Erwartung, in der der Himmel geschlossen ist (Lk 3,21). Das Licht leuchtet plötzlich in der Finsternis auf (Joh 1). Der Herr kommt auf die Erde herab. So ist die Erzählung über die Geburt ein Glaubensbekenntnis: Jesus Christus ist auferstanden. Er kommt. Die Geburt legt den Gedanken an die Wiedergeburt nahe. Lukas nimmt in seiner Erzählung die Bilder von der Herrlichkeit Gottes aus Ezechiel 1 wieder auf: Licht, Engel und Gesang sind um den Erstgeborenen.
Die armen Hirten Israels sind die ersten Zeugen dieses wunderbaren Geschehens, das ja eigentlich wenig aufsehenerregend ist. Dem Augenschein nach finden sie nur ein Kind zwischen Vater und Mutter. Die Hirten sind jedoch hoch erfreut, und Maria bewahrt, was geschehen ist und gesagt wurde, in ihrem Herzen. Dieses Nachdenken ist wichtig, denn nur so kann ein auf den ersten Blick alltägliches Geschehen zu dem in Beziehung gesetzt werden, was angekündigt worden war (vgl. auch die Jünger von Emmaus, Lk 24,13).

Das Licht der Welt (Lk 2,22–36)
Seit dem Auszug aus Ägypten gehört das Volk Israel Gott. Jeder Erstgeborene wird durch ein Opfer im Tempel vom Herrn losgekauft (Ex 13,11). Josef und Maria unterwerfen sich dem Gesetz; sie tragen Jesus zum Tempel. Jesus, von nun an Sohn des Volkes, kann als der Gesalbte Gottes, der erwartete Retter erkannt werden. Der Greis Simeon wartete wie die alten Propheten schon seit langem auf diesen Tag. Vom Heiligen Geist getrieben, verkündet er das Heil durch Kreuz und Auferstehung hindurch. Der Alte Bund zieht den Neuen Bund nach sich.

Die Weisheit Gottes (Lk 2,39–52)
Das alte Gesetz ist abgeschlossen und macht den Weg in die Zukunft frei. Was wird aus diesem Kind werden, das sich in diesem Tempel so zu Hause fühlt? Was für ein Prophet wird er werden? Die Antwort ist verborgen wie das Leben Jesu, das nun beginnt. Ein Hinweis steckt in dem Wort „Weisheit".
Das Buch der Sprüche entfaltet die Bedeutung dieses für unseren Glauben zentralen Wortes. Es handelt sich um eine religiöse Haltung dem Leben gegenüber, die durch die Erziehung vermittelt wird. Der Vater lehrt sie seinem Sohn. Er vertraut sie ihm an (Spr 3,1). Weise sein bedeutet das Gesetz Gottes leben und es niemals vergessen (Spr 3,3 und Dtn 6,6–9). Die Weisheit ist jedoch noch mehr: sie ist eine lebende Person. Bei der Erschaffung der Welt war sie zugegen (Spr 8,23–31). Für die ersten Christen ist die Weisheit Person geworden. Sie heißt Jesus.
Mit zwölf Jahren geht Jesus, gerade volljährig geworden,

wie alle Juden nach Jerusalem hinauf, um das Paschafest zu feiern. Er bricht im alten Zug auf, dem Alten Bund, kommt jedoch nicht mit ihm zurück. Er bleibt in Jerusalem. Diese Erinnerung an die Kindheit Jesu läßt an den Aufstieg zum Kreuz und zum Himmel denken. Seine Eltern suchen ihn, finden ihn aber nicht: Hinweis auf den Karfreitag! Drei Tage später entdecken sie ihn an seinem eigentlichen Platz im Tempel Gottes: Hinweis auf den Ostersonntag! Der Herr wird von den Autoritäten als der Weise an sich anerkannt, als der neue Salomo. Er hat das österliche Geheimnis gelebt. Er ist der wahre Sohn des Vaters. Aber selbst für Maria und Josef ist dieses Geheimnis schwer zu verstehen. Dieses Thema finden wir unter anderem in 1 Kor 1,17–2,9 und in Mt 11,16–30) wieder. Christus lädt uns ein, ebenfalls diese Weisheit zu leben.

Der Felsen (Lk 6,47–49)
Die christliche Weisheit ist nicht von vornherein klar. Das Leben im Tod finden zu wollen ist genauso uneinsichtig wie die Behauptung „Wer sich erniedrigt, wird erhöht werden" (Lk 14,11). Um fest und dauerhaft zu bauen, muß man die Erde ausheben und in die Tiefe graben. Dann erreicht man den festen Grund. Der Felsen weist auf die Festigkeit und Treue Gottes hin (Ps 18,3). Jesus Christus ist unser Fels (1 Kor 10,4). Die Flut, nämlich der Tod, wird jeden Bau zerstören, der ohne Christus errichtet wurde. Nur dieser Fels ermöglicht die Auferstehung, er ist aber unter der Erde und unter dem Wasser verborgen.

Der Vater und die beiden Söhne (Lk 15,11–32)
In 15,1–2 werfen die Pharisäer und Schriftgelehrten Jesus vor, daß er mit den Sündern ißt. Das jüdische Mahl vereinigt eine Gemeinschaft von Reinen. Jesus antwortet mit drei Gleichnissen, die alle zur Freude des Vaters aufrufen. Ein Aufruf zur Gemeinschaft ersetzt die Ausschlußvorschriften.
Es ist eine alltägliche Erfahrung: ein Sohn verläßt seinen Vater, um auf seine Art zu leben. Dann wird er sich des Abstiegs bewußt: den Vater verlassen bedeutet dasselbe wie das Essen mit den Schweinen teilen. Haben die Juden selbst nicht auch dieselbe Erfahrung wie der verlorene Sohn gemacht? Haben sie nicht während der Verbannung auch mit Unreinen am Tisch gesessen (2 Kön 25,29–30)? Aber Gott hat verziehen, und sie könnten die Freude der Heimkehr erleben, wie Ps 126,3 sie besingt. Sie haben die Freude des Vaters erfahren. So müßten sie verstehen, daß das Mahl seine Reinheit nur von Gott her hat, der die Liebe ist, ganz im Gegensatz zur übertriebenen Gesetzestreue (Dtn 21,18–21).
Aber der ältere Sohn, der sich dem Vater sehr nahe glaubt, ist sehr weit von ihm entfernt. Er lehnt es sogar ab, sich mit den gemeinsamen Tisch zu setzen. Er schließt sich selbst aus.

Die Anspielung auf die Eucharistie ist eindeutig. Kirchenväter haben die Linie weiter ausgezogen, indem sie aus dem verlorenen Sohn die heidnische Welt im allgemeinen machten; dabei stünde dann der ältere Sohn für das auserwählte Volk, das es abgelehnt hat, am Tisch Jesu Christi mitzuessen.

Der barmherzige Samariter (Lk 10,25–37)
Lukas räumt den Samaritern in seinem Evangelium einen wichtigen Platz ein. Matthäus erwähnt sie nur einmal und schließt sie dann aus (Mt 10,5), während Lukas sie den gesetzestreuen Juden vorzieht, die sie für teuflisch hielten.
Die Reinheitsvorschriften waren im Judentum sehr streng. Wer eine Leiche oder einen Ermordeten berührt (Num 19,11–16) oder etwas, das mit Blut zu tun hatte, lädt schwere Sünde auf sich, die ihn eine Zeitlang aus der Gemeinschaft ausschließen. Die Priester, Söhne Levis, bringen Sühneopfer dar, damit es heißen kann: „Unsere Hände haben dieses Blut nicht vergossen, und unsere Augen haben nichts gesehen" (Dtn 21,7).
Das Gleichnis deckt den Widerspruch zwischen dem Geist des ersten Gebotes und dem Buchstaben des Rituals auf. Der Samariter versteht als einziger das Gesetz richtig (Lk 17,11–19). Wer sind die Samariter? Sie sind ehemalige Heiden aus Babylonien. Sie haben die Schrift angenommen und leben sie auf ihre Weise (2 Kön 17,24). Sie haben das Gesetz und verstehen es mit dem Herzen. Der Samariter ist wohl das Vorbild für die bekehrungswilligen Heiden: Das alte Gesetz ist nötig, aber man soll nicht dem Beispiel der Juden folgen (Lk 17,11–19). Ist Jesus übrigens nicht selbst auch als Samariter eingestuft worden (Joh 8,48)? So weist der Bericht vielleicht auf die Ermordung Jesu durch die Hohenpriester hin. Ist dieser Samariter, der von einer Reise zurückkehrt, nicht ein Bild Jesu? So verstanden zumindest die Kirchenväter das Gleichnis.

3. Markusevangelium

Menschenfischer (Mk 1,14–20)
Im Markusevangelium steht Galiläa für die Welt. Die Jünger, zu denen auch wir gehören, sind dazu aufgerufen, wie Jesus durch das Galiläa der Nationen zu ziehen und die Frohe Botschaft zu verkünden. Im Unterschied zu Lukas (5,4) stellt Markus keinen wunderbaren Fischzug dar, er spielt nur unterschwellig darauf an: „Ihr könnt Fische fangen, von nun an werdet ihr Menschenfischer sein." Der in Ez 47,9–10 angekündigte wunderbare Fischzug ist ein Zeichen der messianischen Zeiten. Für Markus brachen die Jünger zum wahren Fischzug auf. Er erinnert auch an die Taufe, da die Fische die neugetauften Christen symbolisieren, die aus dem Wasser heraufsteigen.

83

Die Kraft Jesu (Mk 1,21–28)
Der Evangelist läßt den ersten Machterweis Jesu am Ufer des Sees stattfinden. Zweifellos spielt er damit auf den Durchzug durch das Rote Meer und das Paschamahl an. Erinnern wir uns daran, daß Mose stärker war als die Magier seiner Zeit (Ex 9,11). Mit Jesus, den das Alte Testament im Bild des Mose angekündigt hat, verhält es sich ebenso. Er befreit den Menschen von einem rätselhaften Übel, das ihn unterjocht. Das Fieber der Schwiegermutter des Petrus spielt im Bericht die gleiche Rolle wie der böse Geist. Die Macht Jesu setzt alle in Erstaunen. Sie fragen nach ihm. Wer ist er?
Das Bild Jesu, der die Frau bei der Hand nimmt wie der Bräutigam seine Braut (Jes 62,4–5), stellt eine Beziehung zu Ps 73,23 her: „Nun aber bleibe ich immer bei dir, du hast mich ergriffen an meiner Rechten." Ist Jesus Gott? Diese Frage drängt sich nach dem Verlassen der Synagoge im Haus des ersten Apostels auf (Vers 29). Diese Frage lehnen die unreinen Geister ab und geben doch die Antwort. Sie machen Nachforschen und Nachdenken unmöglich. Deshalb gebietet Jesus ihnen zu schweigen, denn es ist unnötig, die Antwort zu wissen, wenn man sie nicht versteht. Sie kann uns sonst in die Irre führen (Joh 9,40 und Gen 3,1–7).

Der Abend und der Morgen (Mk 1,32–39)
Hier stoßen wir auf ein bekanntes Thema des Alten Testamentes (Jes 21,11). Es verweist auf die Erschaffung der Welt, auf den ersten Tag, an dem Gott das Licht schuf (Gen 1,3). Eine Menge von Menschen mit Krankheiten aller Art zieht durch die Nacht. Wird sie sich aus der Dunkelheit befreien können? Und wie? Sicherlich nicht, wenn sie auf das hört, was die Dämonen sagen, denn Jesus bringt sie zum Schweigen, weil sie „wußten", wer er war. Das österliche Geheimnis kann erst am Tage verstanden werden, d.h. mit Hilfe der „Sonne" (Spr 4,18–19).
„In der Frühe, als es noch Nacht war", steht Jesus auf: Anspielung auf die Auferstehung (Mk 16,2). Enthüllt sich die Weisheit nicht erst am frühen Morgen (Weish 6,14)? Die Verse 35 und 36 lassen sich zum Lauf Petri zum Grab hin am Ostermorgen in Beziehung bringen (Joh 20,3–4). Sie stehen sinnbildlich für die Suche nach Gott, der das Leben für den Glauben ist (Mk 16,6).
Die Hinwendung zu den benachbarten Orten ist ein Vorverweis auf die Öffnung zu den Heiden hin. Die Auferstehung Christi, die für Lukas der Ausgangspunkt für das Kommen des Geistes ist, zieht für Markus bereits Bekehrungen und das Verständnis des Geheimnisses nach sich. Menschen aus ganz Galiläa (aus der ganzen Welt) machen sich auf, um Gott zu suchen.

Der geschwätzige Aussätzige (Mk 1,40–45)
Wer an Lepra erkrankte, mußte außerhalb der Gemeinschaft leben. Schlimmer noch, diese Krankheit versetzte ihn in den Zustand von Unreinheit und Sünde (Lev 13,45). Im Falle einer Heilung reinigte der Priester den Leprakranken und gliederte ihn in die religiöse und soziale Gemeinschaft wieder ein. Genau das tut Jesus, indem er den Kranken auch auf die Gefahr hin berührt, selbst angesteckt und für unrein erklärt oder wie der leidende Gottesknecht ausgestoßen zu werden (Jes 53,3–4). Das ist eine erstaunliche Umkehrung: der, der rein macht, wird von den Reinheitsexperten für unrein erklärt. Die Priester können nur die Heilung feststellen, sie dringen nicht bis ins Innere vor. Jesus Christus erschüttert im Innern so sehr, daß der Geheilte nicht mehr stillschweigen kann; der Heiland aber wird am Kreuz vor den Toren der Stadt sterben (Joh 19,17). Wer ist dieser Jesus, der sich an das jüdische Gesetz hält und es aber dennoch aufhebt?

Der Gelähmte steht auf (Mk 2,1–12)
Wieder sind wir am Ufer des Wassers; nahe bei Tod und Auferstehung. Jesus befindet sich in einem Haus, das bei Markus eine wichtige Rolle spielt. Das Haus ist der Ort, an dem die Jünger mit dem Herrn sind, an dem sie das Geheimnis zu verstehen versuchen (Mk 7,7). Vielleicht ist es ein Hinweis auf die Kirche, die so viele anzieht (Mk 3,20).
Was wird geschehen? Vier Männer wollen in das Haus hinein. Sie decken das Dach ab und lassen einen Gelähmten hinunter, einen Gefangenen der unreinen Geister, einen, der bereits tot ist. Die Szene erinnert an eine Beerdigung. Jesus wartet in den „Tiefen", dem Aufenthaltsort der Toten und der Wohnstätte der bösen Geister (Offb 1,17–18). Er will vom Tod erretten. Auch im Credo ist dieses Bild zu finden: „Er ist hinabgestiegen zur Hölle", um zu öffnen, was verschlossen war. Die Befreiung vom Bösen, die auch im Vaterunser erwähnt wird, ist die Vergebung Gottes. Zur Empörung der Schriftgelehrten, die nur den „Buchstaben" der Schrift kennen, läßt Jesus die Sünden nach. Werden sie Jesu Verhalten und seinen Befehl an den Gelähmten, aufzustehen, begreifen können? Der Mann richtet sich auf wie ein Toter, in den wieder Leben kommt (Ez 37,1–14). Christus begegnet man, wenn man der Frage nach dem Tod und dem Sinn des Lebens nachgeht. Wenn ein Mensch sein Leben für die anderen einsetzt, entdeckt er die Liebe Gottes (Joh 15,13) und den Sinn des österlichen Geheimnisses.
Die Menschen im Haus verstehen diesen Sinn. Was sollte sonst ihre Aussage: „Noch nie haben wir solches gesehen"? Die Heilung eines Gelähmten war zwar nichts gänzlich Außergewöhnliches; die Leute im Haus wissen aber, daß das, was der Bericht schildert, an eine andere Dimension rührt, an Gott. Sie verstehen das Zeichen und sehen staunend hinter ihm das Heil in Jesus Christus. Sie sind Zeugen dafür, daß die Schrift erfüllt ist (Jes 42,7).

Die Erinnerung an ein Wunder ist zu einem Glaubensbekenntnis überarbeitet worden, das, wie man bemerken kann, mit der Taufe in Beziehung steht. Christus ist hinabgestiegen in die Tiefen des Wassers (des Todes), um uns zu retten (1 Petr 3,20–22). Was Jesus getan hat, setzt der Christ fort.

Die Lampe (Mk 4,21–23)
Dieses Gleichnis stellt das Hauptthema der markinischen Unterweisung dar. In der Person Jesu ist das Reich Gottes bereits gegenwärtig. Es wächst in der Welt. Eines Tages werden alle Menschen Jesus Christus schauen. Im Augenblick ist Gott noch verborgen. Wir sind dazu eingeladen, nach dem zu suchen, der schon unter uns ist (Hld 3,1–5), um uns offen zu ihm zu bekennen.

Alles wächst (Mk 4,26–29)
Um uns ist das Leben der Welt, aber Gott scheint nicht dazusein. Wir sehen das Gute kaum Fortschritte machen. Wir verstehen nicht, was der Herr tut. Aber der Anschein trügt: die Welt muß wie das Gleichnis werden. Der Mensch braucht sich nicht zu beunruhigen (Ps 127,1). Alles, was er besitzt, ist ihm von Gott umsonst gegeben worden (Dtn 6,10–11 und 8,17–19). Der Gerechte weiß das. Er lebt vom inneren Licht, das vom ersten Tag der Schöpfung herrührt (Gen 1,3). Er versteht von innen heraus, er lebt nicht außen. Diese Betrachtung vertieft den ersten Satz des Dekalogs (Ex 20,2–3).

Zusammenfassung
Diese markinischen Texte stellen den Einbruch des in den Schriften angekündigten Reiches Gottes vor Augen. Die Schriftgelehrten haben als Spezialisten für das Gesetz viel Mühe, in Jesus die Erfüllung der Verheißung zu sehen. Aber Jesus handelt im Sinne des jüdischen Gesetzes. Auf alle Fälle vermehrt sich die Zahl der Fische, und es ist Zeit, im Blick auf die Auferstehung die Netze auszuwerfen (Apg 10,44–48).
Die Heilung von Menschen entspricht einer Befreiung durch Jesus Christus. Sie kommt in den Exorzismen und im reinigenden Bad der Taufe zustande.

4. Matthäusevangelium

Weihnachten (Mt 1,18–25)
Weihnachten stellt eine Geburtsszene vor Augen. Matthäus will zu verstehen geben, daß Jesus der Nachkomme Davids ist. Er reiht den König David in die Mitte der Geschlechterreihe ein. Vierzehn Generationen umrahmen den alten König. Im Hebräischen haben die einzelnen Buchstaben einen Zahlenwert, die Buchstabensumme des Wortes David ist vierzehn. Die Absicht ist klar: Jesus ist der erwartete königliche Messias.

Jesus Christus ist Sohn Davids über seine Mutter und nicht über Josef. Auch hierüber gibt es eine Voraussage der Schrift. Josef war auch kein Vorfahre Jesu. Der Heilige Geist, d. h. Gott, hat die Vaterschaft über das Kind. Die Weissagung aus Jes 7,14 macht diese Geburt zur Erfüllung der Schriften. Jesus Christus ist der Immanuel, d. h. Gott, der zu den Menschen kommt.
Der Weise braust nicht auf (Spr 3,31). Er bleibt vorsichtig in seinem Urteil (Spr 3,21). Er plant nichts Böses (Spr 3,29). Das alles gilt für Josef. Anstatt Maria schuldig zu sprechen, bedenkt er das Geschehen und versucht zu verstehen, was Gott an Ungewöhnlichem gewollt hat.

Jesus und das Böse (Mt 2,13–23)
Durch die Opferung des ersten Josef war es zum Zug nach Ägypten und zur Heilserfahrung gekommen. Er war am Beginn des alten, von Gott losgekauften Israel gestanden. Der neue Josef tut Vergleichbares. Er führt Jesus nach Ägypten, was Gott ermöglicht, von neuem sein Heil zu offenbaren. Diese Flucht nach Ägypten symbolisiert den Hinabstieg Gottes zu den Menschen, den Sklaven der Sünde. Matthäus schildert die Geburt Jesu mit ähnlichen Begleitumständen wie damals im Ägypten des Pharao. Die Erzählung vom Kindermord erinnert an den Tod der Söhne Israels (Ex 1,15–16) und an ihre Rettung durch das Blut des (Pascha-) Lammes (Ex 12,21–30). Jesus, der Sohn an sich, hat das menschliche Leben mit seinen Gefährdungen durchlebt und ist mit knapper Not diesem ersten Mordanschlag entkommen, der schon an den zweiten und seinen Tod denken läßt. Aber Gott der Vater hat ihn wiedererweckt. Zur Auferstehung geht es durch den Tod hindurch. Der Exodus stellt im voraus dar, was mit Jesus Christus geschieht. Die Schrift kündete diesen Weg des Heiles voraus.
Der Vers 20 klingt an Ex 4,19–20 an. Das traditionelle Bild von Josef, der Maria führt, die auf einem Esel sitzt und Jesus hält, könnte von daher stammen. Man sieht, wie die christliche Tradition durch weitere Verknüpfung des Alten und Neuen Testamentes die Arbeit der Evangelisten fortgeführt hat.

Johannes der Täufer (Mt 3,1–16)
Mose begann sein öffentliches Leben, als die Stimme Gottes ihn in der Wüste Sinai rief (Ex 3,1–6). Der Prophet Jesaja hatte während des Babylonischen Exils einen neuen Ruf Gottes und einen neuen Exodus angekündigt (Jes 40,3 und 43,16–19). Das Jesaja-Zitat ruft die Erfüllung dieses neuen Exodus in Jesus Christus aus. Es ist ein Glaubensbekenntnis.
Nach der Beschreibung des Matthäus ist Johannes wie Elija gekleidet (2 Kön 1, 18). Nachdem er in einem feurigen Wagen in den Himmel aufgefahren war (2 Kön 2,11), sollte der Prophet wiederkehren, um die Ankunft des Messias vorzubereiten (Mal 3,23). Matthäus verleiht

Johannes das Erscheinungsbild des Elias, während Lukas ihm eher Ähnlichkeit mit einem Propheten wie Jeremia zuschreiben wird. Aber Matthäus verkündet Jesus, den neuen Mose, wohingegen Lukas ihn besonders als den neuen Elija gezeigt hat (Lk 1,17). Die Bilder des Alten Testamentes wurden von den beiden Verfassern nicht in derselben Weise gebraucht.

Für die Christen in der Gemeinde des Matthäus hatte der Bericht von Johannes dem Täufer eine aktuelle Bedeutung. Zunächst einmal wies er auf die Ankunft des Herrn hin. Die erste christliche Generation war davon überzeugt, daß diese Ankunft unmittelbar bevorstand (1 Thess 4,15–17 und 1 Kor 15,51–52). Diese Erzählung ermahnt die Christen demnach zur Umkehr.

Der Bericht enthielt noch einen weiteren Hinweis. Jesus unterzieht sich dem Taufritus, das ist jedoch in einem weiteren Sinne zu verstehen: das Eintauchen ins Wasser verweist auf den Tod und die Auferstehung (Röm 6,4). Das Wasser stellt das sterbliche Menschenleben dar, welches Jesus angenommen hat, wie er auch die Taufe annimmt. Diese Annahme des Lebens und seiner Grenzen wird noch reicher durch den Geist, „der über den Wassern schwebt" (Gen 1,2). Wegen der Neuschöpfung nach der Sintflut wird er durch eine Taube dargestellt (Gen 8,11). Das Aufsteigen aus dem Wasser (Vers 16) läßt an die von Gott gewollte Himmelfahrt und die Gabe des Geistes denken (Jes 63,11), der in die Wüste treibt (Jes 63,14), den einzigen Weg in den Himmel (Jes 63,19). Diesen Weg nahm der leidende Gottesknecht, an den sich das Wort aus Jes 42,1 richtet. Die Taufe Jesu verweist auf sein gesamtes Leben.

Jesus scheint übrigens wie Johannes ein Täufer gewesen zu sein. Er wurde zuweilen als dessen Schüler, sogar als dessen Konkurrent angesehen (Joh 3,22–25).

Einige Kirchenväter haben in der Schilderung von 1 Kön 18,35–36 das Vorbild der christlichen Taufe gesehen: Feuer vom Himmel fiel auf das von Wasser getränkte Opfer des Elija, und Regen machte die Erde fruchtbar.

Jesus in der Wüste (Mt 4,1–11)
Der Geist treibt Jesus in die Wüste wie in Jes 63,14, und Jesus wird diese „Wüste" als menschliche Erfahrung durchleben, bis ihm auf dem hohen Berge die Engel dienen. Die Taufe erinnert auch an den Durchzug durch das Rote Meer (Ex 14,21–22), der der Wüstenwanderung Israels vorausgeht. Die vierzig Tage verweisen auf die vierzig Jahre Umherwanderns. Jesus macht dieselben Versuchungen durch wie Israel, aber Jesus versagt nicht. Er nimmt sein Leben auf sich, ohne auf ein Wunder auszuweichen. So kommt er wie Mose (Ex 19,3) auf dem Berge an.

In diesem Text wird das Leben Jesu insgesamt theologisch gedeutet. Er zeigt, daß Gottes wahrer Sohn unser menschliches Leben auch mit Versuchung und Tod auf sich genommen hat. Der Christ ist dazu aufgerufen, der Versuchung nicht zu unterliegen und seine Taufe bis zum Ende zu leben. Die Eucharistie, die im Vers 11 angedeutet wird, ist durch die Taufe vorbereitet worden.

Das Hochzeitsessen (Mt 22,1–14)
Zu diesem Hochzeitsmahl lädt Jesus, die Weisheit, uns ein (Spr 9,5). Es geht um die Eucharistie, zu der wir alle gerufen sind, das Gastmahl am Ende der Zeiten, das Ziel der Schöpfung Gottes.

Der Matthäustext greift offen die Juden an, die als erste gerufen wurden, Jesus abgelehnt und ihn wie die Propheten getötet haben. Der Lukastext (14,15–20) ist abgestuft: die Geladenen bringen wichtige Entschuldigungen vor, die die Ablehnung scheinbar rechtfertigen, nicht jedoch zum gegenwärtigen Augenblick, denn die Zeit drängt und die gewohnten Regeln werden umgestürzt (1 Kor 7,29–31). Christi Ruf an alle (Jes 55,1–3 und 25,6) bewegt sich an der Grenze von Vernunft und Normalität. Er fordert die Veränderung des Lebens. Das Hochzeitsgewand ist das weiße Kleid der Taufe. Es weist auf die Bekehrung und das Neue der Taufe hin (Lk 5,36). Sie allein kann das eucharistische Leben ermöglichen.

Das Gleichnis von den Talenten (Mt 25,14–30)
Vielleicht ist dieses Gleichnis ein versteckter Kommentar zur Sündenfallerzählung (Gen 3,1–24). Die Verwerfung des dritten Knechtes hat ihren Grund in seinem Wissen (Vers 24 und 26). Er hat die Kenntnis, die schon die Schlange im Paradies (Gen 3,5) versprach. Deshalb wird er wie Adam und Eva in die Finsternis draußen gejagt werden.

Gott gibt sich in seinem Wort, das erworben und umgesetzt werden muß, damit man es versteht (Spr 4,7). Dann hat der Mensch das Leben (wie in Gen 2,7–9) und die Auferstehung. Dann erwirbt er das echte Wissen um Gott, das im Gegensatz steht zu dem des schlechten Knechtes, der aus dem Alten Testament das Bild eines ungerechten und harten Gottes herausliest.

Dieses Wissen um Gott vertieft sich durch das Handeln nach dem Gesetz, auf das Matthäus (Mt 15,17) drängt (5 Talente: 5 Bücher des Gesetzes?), und durch die Nächstenliebe (Mt 7,12), die untrennbar zur Gottesliebe gehört (Mt 22,37–40).

Zusammenfassung
In dieser Katechese geht es um das Thema „Jesus ist der neue Mose". Sie will aufzeigen, daß Jesus die Vollendung der Schriften, besonders von Dtn 18,18, ist. In den frühen Zeiten der Kirche wurde dieses Thema in die Liturgie umgesetzt. Der letzte Teil der Katechese regt zu einer Meditation über Taufe und Eucharistie an. Früher unterschied man die Taufe noch nicht von der Firmung, vielleicht entsteht diese durch die Erwähnung des Gei-

stes in Mt 4,1. Das Ziel der Liturgie ist es ja, die einzige Wirklichkeit, das österliche Geheimnis, zu erklären. Gut zu sehen sind die Verbindungslinien zwischen Weihnachten und Ostern, zwischen der ersten Geburt und der zweiten, der Auferstehung.

5. Markusevangelium

Das kleine Senfkorn (Mt 4,30–34)
Dieses Gleichnis scheint das Gegenteil des Gleichnisses von der Zeder in Ez 31 aussagen zu wollen. Der Baum ist riesig wie der Hochmut des Pharao und Nebukadnezzars (Dan 4,7–11). Er übt die gleiche Anziehungskraft aus wie der Baum der Erkenntnis von Gut und Böse (Gen 2,17). Vögel des Himmels und wilde Tiere wohnen darin. Eines Tages jedoch wird dieser Baum umgehauen. Im Gegensatz dazu zieht dieser neue Baum die Aufmerksamkeit nicht auf sich (Jes 52,13–14 und Mt 27,29–31). Er wächst im Verborgenen. Eines Tages aber wird er über alle Bäume des Gartens hinauswachsen (Gen 2,8). Ist es nicht der Baum des Lebens (Gen 2,9 und 3,23), Jesus Christus, der in unserer Mitte unsichtbar wächst? Er wird ewig bestehenbleiben.

Der besänftigte Sturm (Mk 4,35–41)
Auf die Gleichnisse folgt eine Reihe von Wundern. Das erste ist die Sturmstillung. Sie spielt auf die Schöpfung (Gen 1,6) und auf den Durchzug durch das Rote Meer an (Ex 14,21), der eine Veränderung, die Schaffung des Gottesvolkes, einleitet (Ez 36,28). Die Menge jener, die noch draußen sind, wagt sich nicht mit Jesus an die Überfahrt über den See. Die Jünger hingegen sind mit dem Herrn aufgebrochen und stellen sich den entfesselten Elementen. Erst beim Ablauf des Geschehens stellen sie sich Fragen. Sie haben Furcht, ihn zu erkennen, denn er handelt wie Gott (Ps 65,8).
Die ersten Christen wurden verfolgt. Sie litten in diesem Sturm, und Jesus zeigte sich nicht. Er schien zu schlafen, obwohl er doch als erster dem Tod getrotzt hatte. Daß der Herr aufwacht, deutet auf seine Auferstehung hin.

Die Heilung des Besessenen von Gerasa (Mk 5,1–20)
Der Durchzug durch das Meer hatte die Israeliten auf die Wanderung ins Gelobte Land geführt, das heidnische Land der Kanaanäer. Nachdem Jesus und seine Jünger den Elementen getrotzt haben, kommen auch sie in einem heidnischen Land an, das in der Macht unreiner Geister steht. Die Versklavung durch die Sünde ist stärker als alle menschlichen Abhängigkeiten. Kein Mensch kann daraus befreien. Nur Jesus Christus kann den Menschen zum wahren Gelobten Land, zur Auferstehung, führen.

Die Bewohner des Landes sind bei der Rettung anwesend, sie sehen aber nur, was äußerlich geschieht. Sie sind draußen und bedauern zweifellos den Tod ihrer Schweine. Ein einziger hat innerlich begriffen, der, der durch Jesu Einschreiten geheilt wurde. Die anderen bleiben noch in den Gräbern und in der Nacht des Todes. Jesus befiehlt dem Geheilten, in seinem Land zu bleiben und seine Heilstat zu bezeugen.

Auferweckung eines Kindes (Mk 5,21–43)
Markus stellt zwei ineinandergreifende Wunder dar. Sie stehen demnach in einer Beziehung, die wir herausfinden müssen. Wir werden nur ein Wunder nehmen, damit die Kinder die Erzählungen nicht verwechseln.
Jesus befindet sich mitten in einer großen Volksmenge, und ein Synagogenvorsteher ist bei der Szene anwesend. Er repräsentiert das Gesetz und ist direkt betroffen, da er der Vater des toten Mädchens ist (Röm 7,7–13).
Erstes Wunder: Eine Frau wird wegen Blutflusses (Lev 15,19) seit zwölf Jahren aus der sozialen und religiösen Gemeinschaft ausgeschlossen. Die Zahl zwölf deutet vielleicht auf das jüdische Fundament des christlichen Glaubens hin (12 Stämme und 12 Apostel, die auf die 12 Steine in Jos 4,2–3 zurückverweisen). Die ausgeschlossene Jüdin tritt heimlich und unbemerkt an Jesus heran. Sie geht in der Menge unter, niemand bemerkt sie. Sie berührt Jesus, und dieser nimmt die Krankheit auf sich (Jes 53,4). Als sie geheilt ist, wird sie sich plötzlich ihrer Tat bewußt, vor dem Gesetz hat sie ja gerade den Herrn unrein gemacht. Jairus und die anderen haben aber nichts gesehen. Nur Jesus weiß darum (Weish 1,6 und Jer 11,20). Alles spielt sich innerlich ab. Wie schon Sara (Gen 18,12) spotten selbst die Jünger (Vers 31). Da deckt der Herr auf, was geschehen ist, und führt die Frau ausdrücklich in die Gemeinschaft wieder ein wegen ihres jetzt offenbaren Glaubens (Mk 4,22 und Mt 10,26–27). Sie wird zum Zeugen des Einzugs in das von Gott verheißene Gelobte Land (Jos 4,7–9).
Zweites Wunder: Ein zwölfjähriges (!) jüdisches Mädchen liegt im Sterben, wo sie doch gerade erst ins Leben eintreten sollte. Da geht Jesus dahinein, „wo das Kind war" (durch seinen Tod an den Ort der Toten?), die Spötter läßt er dabei draußen. Er nimmt das Mädchen bei der Hand und läßt es aufstehen. Auch hier wieder verunreinigt sich der Herr vor dem jüdischen Gesetz, da er einen Toten berührt (Num 19,11–16). Die „drinnen" verstehen, daß der Tod nur ein Schlaf ist bis zum Aufwachen und Aufstehen (Hos 6,2), während die „draußen" den Sinn der Worte nicht begreifen. Sie bleiben dem „Buchstaben" verhaftet. Die Anspielung auf die Auferstehung ist eindeutig. Sie wird durch die Anwesenheit der drei Hauptzeugen von Tod und Auferstehung, Petrus, Jakobus und Johannes, noch betont (Mk 9,2 und 14,33).
Zwei Frauen also erkennen („drinnen") das Heilshan-

deln des Herrn, das im Widerspruch zum jüdischen Brauch steht. Vergessen wir nicht, daß Frauen auch die ersten Zeugen der Auferstehung sind (Mk 16,1–8). Sie sind die „lebendigen Steine" der Kirche (1 Petr 2,5).

Jesus in Nazareth (Mk 6,1–6)
Es ist Sabbat, Ruhetag, an dem die Menschen nicht arbeiten. Hat Gott selbst sich nicht am ersten Sabbat ausgeruht (Gen 2,2)? Aber die Schöpfung ist mit diesem Ausruhen nicht beendet. Das Leben kann nicht auf den Tod, die ewige Ruhe, hinauslaufen. Daher wirkt Jesus wie auch sein Vater (Joh 5,17) am Tag des Sabbats. Die Auferstehung bricht an einem Morgen nach dem Sabbat an, wie ein Licht aufgeht an einem Sonntagmorgen. Sie ist eine Antwort Gottes auf das Ausruhen: der Tod kann nicht das Ende der Schöpfung sein. So bricht der achte Tag an, der erste der neuen Schöpfung.
Die Verwerfung von Jesus von Nazareth beschwört die Finsternis des Todes herauf. Sie weist auf die Tötung Jesu am Freitagabend hin. Die jüdischen Anführer haben den Sinn des Gesetzes nicht verstanden (Mk 2,27–28) und haben nicht gesehen, daß der Menschensohn der Herr des Sabbats ist. Sie haben in ihm nur den Zimmermann, nicht jedoch Gott gesehen. Das Wesentliche ist ihnen verborgen geblieben.
Lukas wird den Hinweis auf Leiden und Auferstehung noch mehr herausstreichen (Lk 5,29–30).

Das rechte Maß (Mk 4,23–25)
Dieser Abschnitt ist nicht wirklich ein Gleichnis, er beinhaltet Sätze Jesu, die von Markus aneinandergereiht wurden, und fordert den Christen dazu auf, sich nicht in seinem Wissen und in seinen Urteilen abzukapseln (Mt 7,1–5). Wir sollen uns dem Licht Gottes öffnen (Off 22,5, Echo von Sach 14,7), das die Welt anders sehen läßt: wenn wir nicht mehr messen, dann erhalten wir ja tatsächlich Leben im Überfluß, denn dann haben wir die Maßstäbe Gottes.

Zusammenfassung
Markus läßt eine Serie von Wundern auf eine Reihe von Gleichnissen folgen. Die Nacht trennt sie ganz deutlich voneinander (Mk 4,35; ein ähnliches Vorgehen in Lk 6,12–13). Dieses literarische Vorgehen findet sich auch beim „Abend" in Mk 1,32 wieder, der auf den Karfreitagabend verweist. Das Handeln des Herrn scheint aufgehoben durch den Einschnitt durch Kreuz und Tod, der übrigens mit dem Durchzug durch das Wasser und der Herrschaft darüber wie in Ex 14,20 in Verbindung gebracht wird. Von jetzt an stellen die Gleichnisse wohl die irdische Verkündigung Jesu dar, die unser Nachdenken immer herausfordert. So dürfte es auch zur seltsamen Behauptung aus Mk 4,34 kommen: „Ohne Gleichnisse aber sprach er nicht zu ihnen." Sie geht auf Jes 6,9–12 zurück, wie Markus ausdrücklich nahelegt

(4,11–12). Sie bedeutet, daß Jesu Lehre bis Ostern unverstanden blieb und auch heute noch unverstanden bleiben kann, wenn man sie nicht deutet, wenn man sich nicht darauf verpflichten will.
Auf die Erwähnung des „Abends" folgen vier Wunder. Sie könnten einen Hinweis geben auf das wunderbare Handeln Jesu, das sich nach seiner Auferstehung in alle vier Himmelsrichtungen erstreckte. Wunder aus dem irdischen Leben Jesu treten in der ganzen Welt wieder auf. Die Situation hat sich also in der Zeit der Kirche nicht grundsätzlich verändert.
Das Handeln Jesu traf damals auf viel Unverständnis, und auch heute noch muß man sich um inneres Verständnis bemühen. Aber heute wie damals erklärt der Herr alles nochmals allein seinen Jüngern (4,34), denen „im Hause". Dann bricht das Licht Gottes wie am Ostermorgen auf.
Denn da ist das Licht wirklich erschienen wie am ersten Tag der Schöpfung (Gen 1,3). Gewiß, „der Abend ist gekommen", das „Kreuz" taucht auf, aber wir wollen dennoch nicht einschlafen. Selbst wenn es ein Abend vor dem Sabbat ist, laßt und wachen (Mk 14,40–41)! Jesus ist in der Osternacht dem Sabbat(tag) auferstanden. Auf diesen Tag (der am Freitagabend begann und am Samstagabend endete) fiel der Tod des Herrn. So hat das Leben die Grabesruhe weitergeführt und den geschlossenen Kreis der alten Schöpfung, die mit dem siebten Tag endet, auf den Sonntag hin geöffnet. Kirchenväter konnten deshalb Jesus den wahren „Sabbat" nennen, der die Menschen von der Ruhe zum Tun führt, vom Schlaf zum Aufstehn, vom Tod ins Leben. Wir wollen auch in diesen „Sabbat" eintreten und das österliche Geheimnis leben, so werden wir „neue Schöpfung" Gottes werden, bis wir selbst auferstehen.

6. Lukasevangelium

Der Blinde und das Licht (Lk 18,35–43)
Jesus befindet sich im letzten Abschnitt seiner Reise. Er tritt ins Leiden und die Auferstehung ein, ins neue, von Gott verheißene Land. Der Blinde von Jericho wird aus seiner Blindheit befreit, und damit wird der Leser eingeladen, gleichfalls nicht blind zu bleiben. Der Sohn Davids kommt, um die Verheißungen zu erfüllen (1 Sam 7,12–13). Lukas wird dieses Thema in der Apostelgeschichte wiederaufnehmen (2,25–36).

Zachäus und die Menschenmenge
Zachäus dagegen ist ein öffentlicher Sünder wegen seines Berufes; selbst wenn er gerecht sein sollte, würde er als böse abgestempelt. Lukas verteidigt die gesellschaftlichen Außenseiter, die die öffentliche Meinung gewohnheitsmäßig herabsetzt (Lk 3,12–14 und 5,29–32)

und die nichts verlangen – im Gegensatz zum blinden Juden. So wird Zachäus auch nicht als Dieb geschildert. Er ist sogar der Auffassung, ehrlich gewesen zu sein (Vers 8). Die Menge hingegen ist anscheinend in ihren Vorurteilen befangen; diese lassen sie sogar Jesus anklagen (Vers 7). Wie könnte sich Zachäus da dem Herrn nähern? Vor dieser Menge, die ihn aus Gewohnheit anklagt, ist er wirklich „klein". Hinter dem Bild des öffentlichen Sünders Zachäus, der mit dem Herrn Mahl hält, nachdem er auf den Baum geklettert ist, dürfte die Szene von Kreuz und Auferstehung stehen und das Sakrament der Eucharistie. Auch Jesus ist zu Unrecht von der Menge angeklagt und verurteilt worden (Lk 23,13 und 18). Als Opfer, das er selbst ist, wollte er allen die an Abraham ergangene Verheißung erschließen (Gen 15,5–8). Wir alle sind dazu aufgerufen, den Weg Jesu von Jericho nach Jerusalem zu ziehen, der bildlich das alte Israel darstellt. Der Priester, der Levit und der Mann im Gleichnis (Lk 10,30–32) nehmen die entgegengesetzte Richtung.

Der Friedenskönig (Lk 19,28–38)
Zur Zeit Jesu wurde der Messias erwartet. Er sollte auf den Tempel herabstürzen wie ein Engel Gottes (Mal 3,1–3). Er sollte gegenüber von Jerusalem auf den Ölberg herabsteigen, der sich infolgedessen in der Mitte spalten würde (Sach 14,3–4). Lukas ersetzt diesen apokalyptischen Rahmen durch eine bescheidene Szene. Jesus zieht auf dem messianischen Füllen reitend (Sach 9,9) in Jerusalem ein. Der Rahmen ist der gleiche, aber Lukas benutzt zur Beschreibung von Jesu Tun den Bericht von der Thronbesteigung Salomos (1 Kön 1,33–40); dieser Sohn Davids, dessen Name „friedliebend" bedeutet, ist wegen seiner großen Weisheit berühmt. Desgleichen der neue Sohn Davids. Die Vergangenheit bildete schon die Gegenwart ab. Gott vollendet sein Werk. Das wird noch betont durch die zweimalige Aussage: „Der Herr braucht es."
Die Ankunft des Messias wurde beim Laubhüttenfest zum Herbstanfang gefeiert (erwartet?). Das war das Fest der Königsherrschaft Gottes. „Hosanna" ist ein an den König gerichteter Ruf (2 Kön 14,4) mit der Bedeutung „Hilf doch!" Die ersten Christen scheinen das Datum dieses Festes und den Einzug Jesu verschoben zu haben, indem sie den Palmsonntag acht Tage vor Ostern rückten. Ist das wahre Fest der Königsherrschaft Gottes nicht der Tod und die Auferstehung des Herrn, der letzte Kampf des „Königs" Jesus, sein Einzug im himmlischen Jerusalem?
Ein theologischer Gedanke scheint diese ganze Komposition zu leiten, schon von Markus war er eingeführt worden. Der Ölberg und der Tempel werden bis in die letzten Verse des Evangeliums miteinander in Beziehung gesetzt. Der Tempel ist der Ort der Menge, während der Garten den Vertrauten vorbehalten ist. Der Tempel bietet die Tagseite des Dramas dar, Getsemani dagegen seine Nachtseite. Das Königtum Jesu kann nur richtig verstanden werden, wenn man beide Aspekte des Geschehens, die Vorder- und die Rückseite, zusammenhält. Die Auferstehung kann nur im Tod ergriffen werden.

Die Tempelreinigung (Lk 19,45 – 20,8 und 22,1–6)
Jesus handelt wie der Messias (Mal 3,1–4). Er beginnt mit der Reinigung des Tempels, indem er die Tierhändler vertreibt, die für die Opfer nötig waren. So setzt er den Praktiken des Alten Bundes ein Ende, und diesen selbst ersetzt er durch sein eigenes Opfer (Hebr 10,4–11). So reiht er sich auch in die große prophetische Verkündigung ein (Am 5,21–24 und Jer 7,21–28). Wie alle Propheten verlangt er Umkehr des Herzens und nicht Opfer (Hos 6,6). Jesus Christus ist wahrhaft der größte der Propheten. Er wird wie sie getötet werden, weil die Hohenpriester und Schriftgelehrten auf die Forderung von Johannes dem Täufer hin sich nicht bekehrt haben (Lk 3,15–18).

Das Festmahl (Lk 22,7–20)
Gott lädt uns zu einem Festmahl auf seinem Berge ein (Jes 25,6–9). Dieser Ruf wird zwei Jahrhunderte später bei der Rückkehr aus dem Babylonischen Exil wieder aufgenommen werden (Jes 55,1–3). Wieder lädt die Weisheit die Armen dazu ein, Brot und Wein zu teilen (Spr 9,1–5). Lukas hat diese Stelle schon einmal als Prophezeiung auf Jesus hin benutzt.
Gott hat die Menschen immer schon vor dem Satan retten wollen. Dieser tut alles, um Jesus zu verderben (Lk 22,3), wie im Psalm 41,10 vorausgesagt worden war. Der Darstellung des Lukas nach ist Jesus Herr über sein Schicksal (wie bereits in 19,29): er bringt selbst seinen Tod in Gang und lädt seine Jünger ein, dabeizusein, um mit ihm aufzuerstehn, d.h. am Gastmahl der Armen am Ende der Zeiten teilzunehmen. Jesus liefert in demselben Maße, wie er ausgeliefert wird (Vers 48).

Der Ölberg (Lk 23,39–53)
Jesus wird wie der letzte der Verbrecher von der Gesellschaft geächtet (Lk 22,37). Damit wird auf Jes 53,12 angespielt. Wie Jakob (Gen 32,25) macht er einen geistigen Kampf bis zur Morgenröte seiner Auferstehung durch. Man kann hier auch einen Hinweis auf den Propheten Elija finden, der zum Gottesberg floh, als er vom Tode bedroht war. Jesus aber flieht nicht. Sein Vater sendet ihm wie Elija einen Engel. Lukas hat dieses alttestamentliche Bild (1 Kön 19,5–8) hier eingeführt, weil es auch an die Eucharistie erinnert. Jesus ist der neue Elija, aber er überbietet ihn noch. Er hat die ganze Nacht gewacht, ohne zu schlafen (Jes 26,9). Die Finsternis bedroht jedoch alle, die Apostel (Vers 46) und die Feinde Jesu (Vers 53).

Das Kreuz (Lk 23,33–46)
Der Kreuzestod war der ehrloseste, den es gab. Er war den politischen Aufrührern und den Sklaven vorbehalten. Jesus stirbt an einem Kreuz zwischen den schlechtesten der Menschen. Mit der Episode vom guten Schächer unterstreicht Lukas, daß das Heil wirklich für alle ist. So wird es auch schon im Hymnus gesungen: „Er entäußerte sich selbst, nahm Knechtsgestalt an ... damit jede Zunge zur Ehre Gottes des Vaters bekenne: Jesus Christus ist der Herr" (Phil 2,7–12).
In der Verteilung der Kleider (Vers 34) steckt ein Hinweis auf den Psalm 22. Oft ist nur der erste Vers dieses Psalms bekannt, den Markus und Matthäus zitieren „Eli, Eli, lama sabachtani", der Psalm wurde aber wahrscheinlich in der Passionsliturgie ganz rezitiert. Er beschreibt den Tod und die Rettung des leidenden Gottesknechts (Jes 53,1–9), ein Bild, das bis dahin die Juden auf Israel im Babylonischen Exil anwendeten. Die ersten Christen haben in diesen beiden Texten eine Ankündigung von Kreuz und Auferstehung gesehen: Jesus läßt die Schriften Wirklichkeit werden.
Während die sechste Stunde verbirgt sich die Sonne. Es handelt sich hier nicht um die Beschreibung einer Sonnenfinsternis. Wir befinden uns am Frühlingsanfang, und die Sonne kann sich da nicht verfinstern. Es handelt sich vielmehr um die Dunkelheit, die in Am 8,9–10 angekündigt wurde, eine Finsternis, die dem Tod der Erstgeborenen vorausging (Ex 10,22) und die in der prophetischen Verkündigung oft beschworen wurde (Jer 4,23–24). Lukas beendet den Bericht vom Tode durch ein Zitat aus Psalm 31,6, das das Gebet des Gerechten in der Prüfung war. Jesus ist der Gerechte schlechthin (Apg 8,52).

Die Auferstehung (Lk 23,53–54 und 24,13–53)
Jesus wird am Freitagabend ins Grab gelegt, als gerade der Sabbat beginnt. Am Ende dieses siebten Tages wird er handeln und auferstehen. Andererseits ist die Erwähnung des Grabes, „in dem noch niemand bestattet worden war", auch eine theologische Anspielung (Lk 2,7 und Kol 1,13). Der Ausdruck deutet auf die radikale Neuheit der neuen Schöpfung hin.
Die Jünger von Emmaus hatten als Zeugen des Todes Jesu nicht die andere Seite, die Auferstehung, miterlebt. Sie waren beim äußerlich Faßbaren stehengeblieben.
Sie kannten zwar die Schriften, sie hatten aber keine Beziehung hergestellt zwischen dem, was verheißen worden war, und dem, was sich gerade erfüllt hatte (wie es Paulus in 2 Kor 3,14–16 sagt). Ihre Augen konnten den Herrn nicht erkennen (Jes 6,9). Das Zeugnis der Frauen und Apostel hatte sie nicht einmal zum Nachdenken gebracht. Sie brauchten noch das Handeln Jesu und das eucharistische Tun, um die Augen zu öffnen und in ihrem Weggefährten Christus zu erkennen.
Diese gleiche Erfahrung des auferstandenen Christus hatten auch die Apostel und ersten Jünger gemacht. Lukas versichert, daß der Auferstandene nicht ein Geist oder ein wiederkehrender Toter war, sondern ein sehr greifbarer Lebender (wie in Mk 6,49–50). Er beharrt auf der körperlichen Wirklichkeit des Auferstandenen, um die Existenz einer geistigen Wirklichkeit zu unterstreichen. Er hatte diese schon bei der Taufe Jesu symbolisch angedeutet (Lk 3,22). Das ist auch das Credo der Kirche: „Ich glaube an die sichtbare und die unsichtbare Welt."
Die Himmelfahrt findet auf dem Ölberg statt. Sie schließt den Einzug Jesu in Jerusalem ab und unterstreicht, daß die Königsherrschaft Jesu Christi in seinem Tod und seiner Auferstehung liegt. Diese Himmelfahrt steht im Gegensatz zur jüdischen Erwartung eines Messias, der auf diesem selben Berg herabkommen sollte (Sach 14,4). Lukas entwickelt eine aufsteigende Bewegung weiter, die schon in seiner Genealogie zu finden war (4,23): sie geht vom Menschen aus zu Gott hin. Bei Matthäus ist es umgekehrt (1,1). Durch diese Himmelfahrt kann Jesus wieder der neue Elija genannt werden (2 Kön 2,11–12).
Die königliche Himmelfahrt wurde in mehreren Psalmen besungen. Der Psalm 24 beschreibt besonders die Inthronisation eines Königs der Herrlichkeit, für den sich die Tore des Himmels öffnen. Diese Vorstellung taucht auch im Psalm 118,19–20 auf, der gerade am Laubhüttenfest gesungen wurde. Festzuhalten ist auch der Psalm 47, der einen ähnlichen Aufstieg schildert: „Empor fährt Gott unter Jubelklang", und der Psalm 110, der die königliche Himmelfahrt durch das Sitzen zur Rechten Gottes abschließt. Von diesem himmlischen Thron herab setzt Jesus Christus seinen Fuß auf seine Feinde (Eph 1,20–22 und 1 Kor 15,25–26). Die Himmelfahrt ist das große Fest des Christkönigs, das die spätere Liturgie den Angaben aus Apg 1,9 und vielleicht auch Lk 4,5–9 zufolge vierzig Tage nach Ostern feiern wird.

Die bösen Winzer (Lk 20,9–16)
Der Weinstock stellt Israel dar (Jes 5,1 und Ps 80,9), das böse Könige schon immer habgierig betrachtet haben (1 Kön 21). Die alten Propheten sind von bösen Rebbergverwaltern verfolgt worden (Apg 8,52). Jesus, der Sohn, wurde von ihnen getötet. Er kommt jedoch zum Gericht.

Der unfruchtbare Feigenbaum (Lk 13,6–9)
Die Bilder von Rebe und Feigenbaum passen zusammen (Jer 8,13 und 2,13). Stellt das Gespräch zwischen dem Herrn und dem Weingärtner nicht die Gewissensfrage Gottes dar? Dem Weingärtner, Gott (Joh 15,1), widerstrebt es, Leben zu nehmen (Hos 11,9 und Ez 18,23 und 32). Er gibt dem Feigenbaum noch eine letzte Chance. Wird dieser sie nutzen? Er muß sich schnell entscheiden,

denn die Zeit drängt (1 Kor 7,29). Die Bekehrung ist nicht so ohne weiteres zu verstehen, deswegen der seltsame Satz in Mk 11,13.

Zusammenfassung
Diese Katechese geht das Ostergeheimnis über das Thema der Königsherrschaft an. Das wahre Königtum besteht darin, den Tod zu durchleben, um aufzuerstehen. So werden die ersten die letzten sein (Lk 9,46–48), die geringsten werden die größten sein (Lk 18,15–17 und Lk 14,11). Jesus hat das selbst durchlebt (Lk 19,31–34). Das ist der Weg der „Himmelfahrt" im Gegensatz zu Gen 11,1–9, worauf in Lk 14,28–30 angespielt wird.

7. Johannesevangelium

Der Wein von Kana (Joh 2,1–12)
Mose hat sein Amt angetreten, indem er das Wasser des Flusses in Blut verwandelte (Ex 4,9). Auch Jesus verwandelt in diesem Bericht. Der Evangelist verleiht so der Erinnerung an ein Wunder Sinn. Ganz in den Anfängen der Kirche schrieb man oft, wahrscheinlich aus liturgischen Gründen, in einem Wochenrahmen. Die Erwähnung des dritten Tages wurde beibehalten, denn sie ist ein Hinweis auf den durch Hosea angekündigten (6,1–3) Tag des Herrn, der nach der Nacht der Sklaverei in Ägypten ein Ende setzt (Ex 10,22). Der dritte Tag kann auch an den dritten Schöpfungstag denken lassen, an dem das Leben entstand (Gen 1,11–13). In den Evangelien ist der dritte Tag der Tag der Auferstehung (Mk 8,31). Für Johannes offenbart der Herr an diesem Tag seine Herrlichkeit (Vers 11).
Der Wein, der bereits mit dem Blut im Alten Testament in Beziehung gesetzt wurde (Gen 49,11 und Dtn 32,14), verweist auf das Kreuzesblut. Er weist hin auf Gen 13,1 und 17,1. Die sechs Steinkrüge bedeuten das Wasser des Alten Bundes, das alte Hochzeitsmahl (Ex 17,6 und Ez 47,1–2). Sie werden durch den Wein des Neuen Bundes, das Blut Jesu, ersetzt (Joh 19,34). Dann wird auch der Vers 10 verständlich: der beste Wein ist der am Ende, denn das Blut Jesu ist mehr wert als das der alten Propheten (vgl. auch Lk 5,37–39). Die Zahl 6 (die 6 Krüge) erinnert übrigens an die Unvollständigkeit der alten Schöpfung in sechs Tagen (Gen 1,30).

Wasser des Lebens (Joh 4,1–42)
Die Samariter stammen von früheren Siedlern ab, die nach der Vertreibung der Stadt Samaria am Ende des 8. Jahrhunderts vor Christus aus Babylonien gekommen waren. Als sie sich im Land niederließen, nahmen sie den Ortsgott an, bewahrten dabei aber zweifellos die Bindung an ihre fünf alten babylonischen Götter (2 Kön 17,24ff.). Die Erwähnung der fünf Männer der Samariterin (Vers 18) könnte das nahelegen. Der Prophet Ezechiel (16,53) hatte die Rückführung der Verbannten in ihre Stadt angekündigt. Jesus führt sie tatsächlich zurück, und zwar im spirituellen Sinne: die Samariter empfangen das lebendige Wasser der Taufe (Apg 8,5 bis 25).
Die Erwähnung des Jakobsbrunnens erinnert an eine zur damaligen Zeit sehr bekannte Legende: hier soll das Wasser von selbst wie aus einem Brunnen zu Füßen des Patriarchen Jakob herausgesprudelt sein. Lebendiges Wasser wurde auch von der Hand Moses aus dem Felsen herausgeschlagen (Ex 17,1–7). Den Prophezeiungen nach sollte bei der Heraufkunft der neuen Zeit wiederum das Wasser strömen (Jes 44,3; Ez 36,25 und 47,1–12; Sach 14,8). Dieses lebendige Wasser sollte nie versiegen (Jes 58,11). Für uns stellt es den an Pfingsten und bei der Taufe verliehenen Geist dar (Joh 7,37). Johannes hat Jesus am Kreuz als Quelle des lebendigen Wassers beschrieben (Joh 19,34). Die Bitte, die Jesus an die Samariterin richtet, verweist auf die am Kreuz (19,28), die Erfüllung des Ps 69,22. Daß die sechste Stunde erwähnt wird, vervollständigt vielleicht das Bild vom Opfer, denn das ist die liturgische Zeit des Todes Jesu (Mk 15,33).

Der Kranke am Wasser (Joh 5,1–18)
Das Wasser kommt schon im Alten Testament als Ursache für Rettung und Heilung vor, z.B. beim Durchzug durch das Rote Meer, beim leprakranken Naaman, der nach siebenmaligem Eintauchen in den Jordan geheilt wird (2 Kön 5,14). Das Wasser war die Wohnstätte des Leviathan, der großen Meerschlange, des Drachens (Offb 13,1), einem Symbol für die Kraft des Bösen. Beim Durchzug durch das Rote Meer hatte Gott das Tier bereits einmal für kurze Zeit besiegt (Ps 74,14). Er wird es durch den Tod und die Auferstehung Jesu Christi völlig besiegen (Offb 20,2 und Joh 16,33).
Vor dem Kommen Jesu Christi kam es zeitweilig zu Heilungen im Wasser des Teiches. Das Aufwallen (des Wassers) rührt vom Hinabsteigen eines Engels, der den Kranken von seinem Übel befreit. Die Befreiung durch Jesus Christus ist von nun an total, wie es auch der Bericht vom Gelähmten in Mk 2,3 nahelegt.
Durch den Heiligen Geist (Joh 1,33) ist der Mann völlig geheilt, auch von seinen Sünden (Vers 14). Das ist das Neue des Heils in Jesus Christus im Vergleich zum Alten Bund. Ein Hinweis darauf findet sich in der Zahl 38, die zur Dauer des Wüstenzugs der Israeliten (Dtn 2,14) in Beziehung stehen dürfte und damit den Irrweg Israels symbolisch darstellen könnte.
Auch hier wieder eine Taufkatechese. Die wahre Tränke der Schafe ist das Taufbecken. Der Bericht gehört in den Umkreis des Pfingstfestes, das die für das Ende der Zeiten angesagte Gnadengabe Gottes feierte.

Lazarus wird wieder lebendig (Joh 11, 1–54)
Diese Erzählung, die die anderen Evangelisten nicht kennen, leitet auf zwei Ebenen zum Tod und zur Auferstehung Jesu hin. Was erzählt wird, die Wiedererweckung des Lazarus, verursacht die Verurteilung und den Tod Jesu. Paradoxerweise muß der sterben, der sich „die Auferstehung" nennt (Vers 25) und das Leben gibt. Johannes betont diese Ironie des Schicksals noch.
Das führt zur zweiten Ebene, der Theologie. Die Erzählung scheint die folgenden Ereignisse vorwegzunehmen. Es wird auf die Salbung von Bethanien (Joh 12, 1–8) verwiesen (Vers 2), die den Tod und die Auferstehung des Herrn einleitet. Daß Jesus zwei Tage lang wartet (Vers 6), meint ohne Zweifel Karfreitag und Karsamstag. Schließlich empfangen auch die Frauen wie in Joh 20, 16 als erste die Botschaft von der Auferstehung, die sie übrigens nicht richtig verstehen (Vers 24). Der Grabstein und die Erwähnung der Herrlichkeit Gottes (Vers 40) sind Anspielungen auf den Tod und die Auferstehung des Herrn.
Was geschieht, ist ein Zeichen, wie überall im Johannesevangelium. Es weist über die berichteten Einzelheiten hinaus. Aber niemand versteht. Die Apostel selbst sprechen nur vom Sterben, wo es sich doch darum handelt, zu leben. Dem Leser geht es im Verlauf der Handlung ähnlich. Er läuft wie die Apostel Gefahr, bei den berichteten Einzelheiten stehenzubleiben und den dahinterliegenden lebenswichtigen Sinn nicht zu verstehen.

Die Verhaftung (Joh 11, 56–57 und 18, 1–13)
Der Vermerk „über den Kidronbach hinüber" läßt an eine Überquerung des Wassers denken. Vielleicht ist das eine Anspielung auf den Durchzug durch das Rote Meer (Ex 14, 15)? Das Wort „Nazoräer" weist auf Nazareth hin, zur damaligen Zeit erinnerte es sicher aber auch an die Täuferbewegung, daher taucht es auch in Mt 2, 23 genau vor der Taufe auf. Der Tod Jesu ist seine wahre Taufe, so wie der Durchzug durch das Meer die Taufe des alten Israel war.
Das dreimalige „Ich bin es" oder vielmehr „Ich bin" (im Griechischen ein und dasselbe Wort) erinnert an die Namensoffenbarung Gottes im brennenden Dornbusch (Ex 3, 13–14). Vor diesem göttlichen Wort stürzen die Wachen zu Boden wie die, welche Elija auf seinem Berg gefangennehmen wollten (2 Kön 1, 9–16).

Der König Jesus Christus (Joh 18, 28 – 20, 18)
Die Oberhäupter der Juden wollen Jesus loswerden. Sie klagen ihn an, gegen den Cäsar König sein zu wollen. Pilatus scheint als schlauer Fuchs diese Pläne zu hintertreiben. Er erweckt den Anschein, als wolle er die Anklage ernst nehmen (Joh 19, 14 und 19, 19), zieht die Juden demnach ins Lächerliche. Trotzdem stellt sich dem Leser die Frage: „Wollte Jesus König sein?"
Johannes nimmt Einzelheiten auseinander. Das Gespräch zwischen Pilatus und Jesus kreist um das Wort „König". Pilatus nimmt wahr, daß Jesus ein König anderer Art ist. So kommt es im Verlauf des Geschehens dazu, daß Johannes uns an die theologische Bedeutung (des Wortes) heranführen kann.
Das Bild eines Jesus mit Purpurmantel und Dornenkrone zeigt die Art von Königswürde, die er beansprucht. Dieses Bild ist aber unvollständig. Daneben gehört das eines Christus in Herrlichkeit. Für Johannes führt der Begriff „von der Erde erhöhen" gleichzeitig das Kreuz und den Himmel vor Augen (Joh 12, 32–34).
Die Verteilung der Kleider (Ps 22, 19) spielt genau wie das „Mich dürstet" (Ps 69, 22 und 22, 16) auf das Gebet Israels an. Das Opfer des Herrn vollendet die Schriften. Jesus ist der leidende Gerechte.
Das Zitat aus Sach 12, 10 lädt dazu ein, das Kreuz nicht nur als ein Scheitern anzusehen; das tun die Gottlosen und lassen es dabei bewenden (Ps 35, 21). Es fordert uns auf, nach der Bedeutung des Todes des Gerechten zu suchen. Es regt uns dazu an, trotz allem Anschein von Sinnlosigkeit die Auferstehung zu begreifen. Geheimnis von Ostern!

Das leere Grab (Joh 20, 1–18)
Wie schon die Gefangennahme Jesu (Joh 18, 1) spielen sich auch Tod und Auferstehung in einem Garten ab (Joh 19, 41). Das Hohelied spricht von einem schlafenden Geliebten, der beim Morgengrauen in seinen verschlossenen Garten kommt (Hld 4, 12–16), „um zu sehen, ob die Reben treiben" (Hld 6, 11). Wahrscheinlich bezieht sich Johannes hier auf dieses alte Liebeslied. Maria Magdalena versucht ja tatsächlich, wie die Braut des Hohenliedes (3, 4), Jesus zurückzuhalten (Joh 20, 17), aber der Auferstandene ist fort wie der Geliebte (Hld 5, 6).

Der ungläubige Thomas (Joh 20, 19–29)
Der Bericht von Thomas ist ähnlich wie Apg 2, 1 und Lk 4, 18–22 ein Pfingsttext. Der Geist, der Hauch Gottes, steigt am Osterabend auf die Apostel herab. Die geweissagte neue Schöpfung (Ez 37, 9) hat Ähnlichkeiten mit der ersten Schöpfung (Gen 2, 7): Gott gibt dem Menschen den Lebensodem ein (Weish 15, 11) auf unvorhersehbare (Joh 3, 8) und unwiderstehliche Weise (Apg 2, 4).
Thomas ist ein Beispiel für den Jünger, der den Anhauch Gottes noch nicht erfahren hat; das hindert ihn zu glauben. Er ist noch eine neue Schöpfung (2 Kor 5, 16–17). Als er eingeladen wird, die Finger in die Seiten Jesu zu legen, wird er gläubig, denn nun kann er die Quelle lebendigen Wassers berühren (Joh 19, 34), die an Ez 47, 12 und Ex 17, 6 erinnert. Jesus ist der Fels in der Wüste (des Tempels), der Wasser gibt (1 Kor 10, 4). Nur im Heiligen Geist können wir glauben und beten (Röm 8, 15–16).

Der wunderbare Fischzug (Joh 21, 1–3)
Wahrscheinlich stammen der wunderbare Fischzug vom Anfang des öffentlichen Lebens Jesu (Lk 5) und der nach seinem Tod (Joh 21) aus derselben Quelle, Johannes und Lukas haben diese Quelle aber unterschiedlich benutzt.
Im Boot sind sieben Apostel, unter ihnen Natanael, ein Rechtsgelehrter (Joh 1, 45), der nichts von einem Fischer an sich hat. Sieben sind viele Insassen für ein kleines Fischerboot. Die Zahl 7, auf die Johannes gerne hinweist, indem er siebenmal in einer Erzählung dasselbe Wort verwendet, könnte eine Anspielung auf die sich weiter fortsetzende Schöpfung Gottes sein. Der wunderbare Fischzug deckt sich mit der Auferstehung des Herrn, der seinen Geist auf die Erde sendet (Apg 2, 17). Wie schon in Lk 5, 10 stellen die Fische die Menschen dar. Aus dem Wasser steigen die Neugetauften. Dieser wunderbare Fischzug war in Ez 47, 10 geweissagt worden. Bei den 153 großen Fischen handelt es sich um die Anzahl von Arten, die damals im Großen Meer (Mittelmeer), das der Prophet erwähnte, erfaßt worden waren. Das Netz, das (im Unterschied zu Lk 5, 6) nicht zerreißt, weist auf die Einheit der Kirche hin. Wie die Brotvermehrung in Mt 14, 17 erinnert auch das auf den Fischzug folgende Mahl an die Eucharistie, das Herzstück der kirchlichen Sendung.
Petrus ist wie in Mt 14 die Hauptperson bei der Erscheinung Jesu auf dem See. Paulus überliefert uns die offizielle Liste der Erscheinungen des Herrn (1 Kor 15, 3–6). Seltsamerweise taucht die erste, die vor Petrus, in den Evangelien nicht auf. Vielleicht deshalb, weil sie der Ursprung für den vorliegenden Bericht ist?
Im Gespräch zwischen Petrus und Jesus geht es inhaltlich nicht mehr nur um den Glauben (Mt 14, 31) oder die Sendung (Lk 5, 10), sondern um die Weihe von Petrus und seinen Nachfolgern als Oberhaupt der Kirche. Vergessen wir nicht, daß ja der erste Apostel schon vor der Abfassung des Johannesevangeliums gestorben war.

Der gute Hirte (Joh 10, 1–6)
Jeremia (23, 1–34) und Ezechiel (34, 1–31) sprachen vom Kommen eines Hirten, der die verlorenen Schafe sammeln wird. Deutero-Jesaja weissagt auch die Ankunft eines Hirten, der wie Mose sich zu einem neuen Exodus an die Spitze der Herde stellen wird (Jes 49, 9–10). In Christus sahen die ersten Christen diesen Hirten, der die Menschen zu den Wassern der Ruhe führt (Ps 23 und Hld 1, 7). Andererseits hat Johannes das Bild von Jesus dem Osterlamm weiter ausgeführt, besonders in der Erzählung von der Taufe (Joh 1, 29) und in der Apokalypse (14, 1). Jesus ist der Gute Hirte, weil er durch seine Menschwerdung das Leben eines Lammes selbst erfahren hat. Er ruft seine Schafe beim Namen, wie z. B. Maria Magdalena (Joh 20, 16), denn er ist Gott (Jes 49, 1).

8. Markusevangelium

Der Blinde (Mk 8, 22–26)
Markus benutzt dieses Wunder als Übergang zwischen den beiden Brotvermehrungen und dem Glaubensbekenntnis des Petrus.
Die erste Brotvermehrung gilt den Juden, die zweite den Heiden. Markus möchte auf die fortschreitende Öffnung des jüdischen Glaubens auf die ganze Welt hinweisen, was Lukas in der Apostelgeschichte weiterentwickeln wird. Die Eucharistie, die hier durch die Brote dargestellt ist, stößt bei allen auf Unverständnis und Unglauben (Mk 8, 21). Jesus wird aber von der Blindheit heilen.
Wie bei der zweiten Brotvermehrung spielt das Geschehen in Betsaida, östlich vom See. Jesus, der neue Mose (Ex 14, 21), überquert das Wasser im „Boot des Petrus", dem neuen Israel (Mk 8, 13). Dieses Ufer des Sees symbolisiert bei Markus das heidnische Land, den Boden der Verkündigung (Mk 7, 24 und 31 in Wiederaufnahme von Jes 23). Der Blinde von Betsaida stellt wie der Taubstumme (Mk 7, 32) den Menschen als Opfer des Bösen dar. Jesus setzt zweimal an zu seiner Heilung. Dieser halbe Mißerfolg steht mit dem allgemeinen Mangel an Glauben in Zusammenhang.
Jesus verhält sich übrigens wie Elischa (2 Kön 5, 11) nicht so, wie die Leute es erwarten. Zunächst läßt er den Blinden seine vertraute Umgebung verlassen, und dann erst benutzt er Speichel und legt ihm die Hände auf. Johannes (9, 6) wird diesen Anklang an Gen 2, 6–7 noch mehr betonen: Jesus verwirklicht die in Jes 42, 7 angekündigte neue Schöpfung Gottes.
Die Heilung des Blinden lädt den Leser dazu ein, selbst die Augen zu öffnen, um das Folgende wahrzunehmen.

Petrus versteht nicht (Mk 8, 27–38)
Markus hebt die Verständnislosigkeit der Jünger Jesus gegenüber hervor (6, 52; 7, 18). Petrus, der erste Jünger, scheint auch am meisten blind zu sein, er versteht nichts. Diese in Jes 6, 9 geweissagte Blindheit stellt symbolisch die Selbstgerechtigkeit des Menschen dar (Gen 2, 5). Am Ende der Erzählung vom Blindgeborenen (Joh 9, 40–41) wird Johannes das besonders betonen.
Petrus antwortet Jesus richtig: „Du bist der Christus", er weiß aber nicht, was er sagt. Er ist blind. Da nennt Jesus ihn Satan. Im Markusevangelium „wissen" die Dämonen (wie in Mt 4, 5), Jesus aber bringt sie zum Schweigen. Man muß ja tatsächlich das Ostergeheimnis durchlebt haben, um es innerlich verstehen zu können. Daher auch das Wort Jesu: „Folge mir nach", d. h. „ahme mich nach, nimm dein Kreuz auf dich". Der einzigartige Weg der Auferstehung geht über die Annahme unseres menschlichen Lebens, das von der Liebe erhellt wird.

Die Verklärung Jesu (Mk 9,2–8)
Wie in Mk 5,37 und 14,33 weist die Anwesenheit der wichtigsten Jünger, Petrus, Jakobus und Johannes, auf das Zentrum des Glaubens, die Auferstehung, hin. Jesus steigt mit ihnen (wie in Ex 24,1) auf einen hohen Berg wo er wie Mose (Ex 33,21) vor der Herrlichkeit Gottes stehen wird. Wie Mose wird er strahlen (Ex 34,29). Der Vermerk über die sechs Tage findet sich auch in Ex 24,16: da erscheint Gott dem Mose am siebten Tag in der Wolkensäule.
Die christliche Gemeinde des Markus las diesen Bericht vielleicht beim Laubhüttenfest.
Die Erwähnung von Mose und Elija, die ja beide das Gesetz und die Propheten, d.h. das Alte Testament, zusammenfassen, bringt in Erinnerung, daß auch sie dieselbe Erfahrung Gottes auf dem Berg gemacht haben. Könnte das auch ein Nachklang der Vision Daniels sein (Dan 7,9–14)? Dann dürfte die Erzählung die Inthronisation des Menschensohnes inmitten der Wolken andeuten und so wiederum auf Tod und Auferstehung anspielen.
Die drei Apostel wurden wohl auf diese Weise getauft, d.h. in die Wolke getaucht (1 Kor 10,1–2). Die weitere Erzählung wird die Verbindung mit dem Sakrament noch erläutern; Paulus definiert es ja folgendermaßen: „Wir sind also durch die Taufe auf seinen Tod mit ihm begraben", um mit ihm zur Auferstehung zu gelangen (Röm 6,4). In Matthäus (3,16) und Lukas (3,22) hat die Taufe Jesu übrigens Gemeinsamkeiten mit der Verklärung.

Die verborgene Größe (Mk 9,30–37 und 10,13–16)
Eine zweite Leidensankündigung führt im Haus zu einem ersten Ratschlag Jesu an seine Jünger. Es geht um die Bescheidenheit, in Wirklichkeit sogar um noch mehr. Ein kleines Kind aufnehmen bedeutet, alle die annehmen, die denselben Vater haben (die sagen: „Vater unser"). Die Unterschiede in Rasse und Kultur dürfen bei der Annahme kein Hindernis sein.
Der Auferstandene läßt sich nur entdecken, wenn man das scheinbar sinnlose Leben akzeptiert (1 Kor 1,17 bis 2,9). Die Jünger haben jedoch immer schon Mühe gehabt, dem „Weg" zu folgen („Anhänger des Weges": Name, den sich die ersten Christen gaben, Apg 9,2). Schon zur Zeit Jesu (Mk 10,13) lehnten sie die „Kleinen" ab; er aber sagte: Laßt sie zu mir kommen.

Der verborgene Reichtum (Mk 10,17–31)
Jesus gibt weiter den Rat, sein Geld den Armen zu geben. Am Geld hängen bedeutet, einen anderen Gott zu wählen; man kann aber nicht zwei Herren zugleich dienen (Mt 6,24). Der Mensch klammert sich an viele falsche Götter, die ihn vom einen wahren Herrn wegführen (1 Kor 8,5–6). Markus hebt die Bestürzung der Jünger hervor, als sie aufgefordert wurden, dieser Le-
bensregel zu folgen und den Gott Mammon aufzugeben. Dieser Ratschlag über ein Leben, das dem Evangelium gerecht wird, bringt noch mehr Schwierigkeiten mit sich als der vorhergehende. Dabei geht es nicht ohne die Hilfe Gottes.

Der gerade Weg (Mk 10,32–45)
Der Gang Jesu und seiner Jünger nach Jerusalem wird durch eine dritte Ankündigung von Tod und Auferstehung unterbrochen. Diese leitet zu einem letzten Ratschlag hin, dem schwierigsten von allen: wer herrschen will, muß dienen bis zum Tod (Joh 13,12–15). Durch sein Leiden und seine Auferstehung wird Jesus König sein. Seine Diener müssen ihm ähnlich werden, indem sie denselben Kelch trinken und die gleiche Taufe empfangen. Das Opfer des Lebens scheint besonders von den besten der Gemeinde verlangt zu werden.

Gott ist verborgen (Mk 14,53–65)
Die Erzählung beginnt mit der Zeugenaussage. Die Zeugen wiederholen das Wort Jesu über den Tempel, das Johannes (2,21) ausfalten wird. Die Juden sehen in diesem Wort eine Lästerung. Dann offenbart Jesus seine Identität: „Ich bin", das ist der Name Gottes aus der Dornbuschoffenbarung (Ex 3,14); das führt zu seiner Verurteilung zum Tod. Mitglieder des Synedriums verhüllen daraufhin sein Angesicht und fangen an, ihn zu schlagen.
In diesem Prozeß treten die Oberhäupter der Juden als Ankläger auf. Sie verurteilen Gott zum Tode. Sie haben das Wort über den Tempel – eine wahre Aussage – nicht verstanden. Die Wahrheit wird offenbar werden mit der Auferstehung, die dem alten Kult ein Ende setzen und die Hülle fortnehmen wird (2 Kor 3,16–18). Mose trug ebenfalls eine Hülle auf seinem Antlitz, um die Kinder Israels nicht zu verwirren (2 Kor 3,13–16). Die Kinder Israels verhüllen Jesus, den leidenden Gottesknecht (Jes 53,2–3), weil sie seinen Anblick nicht ertragen können. Man kann Gott nicht schauen, ohne zu sterben, sagt das Alte Testament (Ex 33,20). Das trifft besonders dann zu, wenn Gott die Züge des leidenden Gerechten hat, vor dem man „sein Angesicht verhüllt" (Jes 53,3).

Der auferstandene Jesus (Mk 16,1–8)
Ein Jüngling im weißen Gewand empfängt die Frauen am Grab. Diese Gestalt weist sicherlich auf die himmlische Welt hin (Offb 6,11). Könnte sie nicht auch auf den Zustand des neuen Christen hindeuten, der gerade das Taufkleid angelegt hat (Röm 13,14), das Zeichen seiner neuen Zugehörigkeit? Dieser junge Christ verkündet den Glauben der Kirche (Vers 6). Möglicherweise kann man in Mk 14,52 diesen selben Jüngling im vorherigen Zustand auffinden. Wie Petrus ist er noch nicht „neugeschaffen" durch den Geist, denn Christus ist noch nicht

auferstanden. Er hat da die Kraft zur Verkündigung noch nicht erhalten.

Zusammenfassung
Das Glaubensbekenntnis des Petrus wurde ihm von Gott eingegeben. In der Folge zeigt sich, daß der Apostel nichts verstanden hat und daß Satan ihn immer noch beherrscht, daher fährt Jesus ihn auch an. Dieses Bekenntnis steht im Zentrum des Markusevangeliums und eröffnet seinen zweiten Teil, die Unterweisung der Jünger darüber, wie die Weisheit gelebt werden kann.
Die Verklärung folgt auf die erste Leidensankündigung und gibt auch den Schlüssel zu ihrem Verständnis: wir sollen Christus ähnlich wie die Apostel in der Wolke und auf dem Berg immer wieder neu begegnen. Nach der Begegnung mit dem Auferstandenen wird alles wieder wie vorher (Mk 9,8). So enthüllt sich das Licht denen, die „hinaufsteigen", indem sie die evangelischen Räte leben, eine Art von Tod in der Nacht der Welt.
Wie es scheint, endete ursprünglich der zweite Teil des Markusevangeliums in 16,8 mit der Ankündigung der Erscheinungen Christi in Galiläa und der Flucht der verängstigten Frauen. Die folgende Liste von Erscheinungen wäre dann später angefügt worden. So waren die Taufbewerber dazu eingeladen, selbst dem Auferstandenen zu begegnen, für Markus bedeutet das: im christlichen Leben. Sie können das, wenn sie wie Jesus das Evangelium leben. Ein derartiges literarisches Vorgehen schränkt sicher die Bedeutung der Erscheinungen des Auferstandenen ein, aber es hat den Vorteil, die Christen besser anzusprechen. Wir sind ja tatsächlich dazu aufgefordert, Jesus Christus zu suchen und ihn mit Hilfe des bei der Taufe verliehenen Geistes in uns zu finden.
Die Verklärung ist wie eine Taufe in der Wolke (1 Kor 10,2) Die abschließende Proklamation (Mk 9,7) zeigt die Herabkunft des Geistes, obwohl sein Name nicht einmal erwähnt wird. Entsprechen nicht die drei Leidensankündigungen, die mit der Taufe in Verbindung stehen, dem dreimaligen Untertauchen in der ursprünglichen Taufliturgie? Das erste Untertauchen erfolgte im Namen des Vaters und wird mit der ersten Serie von evangelischen Räten in Beziehung gesetzt; der Taufbewerber wird dazu aufgefordert, sich vom bösen Geist zu reinigen und zu beten (Mk 9,29). Dann findet er zur Gotteskindschaft. Das zweite Untertauchen im Namen des Sohnes lädt den Taufbewerber dazu ein, nur einem einzigen Herrn zu folgen (1 Kor 8,5–6) und die falschen Götter Hochmut, Macht und Geld aufzugeben (Mk 9,33 bis 10,31). Das dritte Untertauchen im Namen des Geistes läßt sich in Beziehung bringen zu den letzten Ratschlägen über das christliche Leben: die besten der Gemeinde sind aufgerufen, die Taufe und die Eucharistie bis zum Ende zu leben (Mk 10,38–39). So gliedert die markinische Unterweisung das Leben nach der Frohbotschaft dem sakramentalen Leben ein; wir müssen den Tod durchleben, um mit Christus aufzuerstehen (Röm 6,3–4).

9. Apostelgeschichte

Die Zungen Gottes (Apg 2,1–36)
Lukas legt hier das Pfingstfest auf 50 Tage nach Ostern und nicht auf den Ostersonntag wie Joh 20,22 und Lk 24,25. Das ist kein Widerspruch, denn anscheinend war das Pfingstfest noch vor dem vierten Jahrhundert eine 50tägige Feierzeit. Es lag um die Erntezeit herum, begann mit der Opferung der Erstlingsgarbe (Lev 23,10) und endete sieben Sabbate später (Lev 23,15–16). Die Ernte stand als Zeichen für eine geistliche Ernte (Joh 4,35 und Lk 6,1), die mit der Auferstehung Christi ihren Anfang nahm, der „Erstlingsgarbe", die dem Vater dargebracht wird.
Diese Ernte nimmt die große Ernte am Ende der Zeiten vorweg (Offb 14,15) und wird belebt vom Wehen des Geistes. Sie findet statt bei der Verbreitung des Evangeliums und bei der Bekehrung aller Menschen, die angerührt werden durch die Verkündigung des Wortes zunächst durch Petrus, dann durch die Apostel und die Christen, die den Geist empfangen haben.
Während die Erzählung vom Turmbau zu Babel berichtet, wie Gott die Sprachen derer verwirrt, die eine Welt ohne ihn aufbauen wollen, setzt das Pfingstfest den Aufbau einer Gemeinschaft der Menschen in Gott in Bewegung (Apg 2,42 und 1 Kor 12,4–11). Das Wort Gottes ist wirksam (Jes 55,10–11).

Saulus sieht das Licht (Apg 9,1–19)
Auch Saulus wird nach den Aposteln vom Feuer Gottes ergriffen; es wird ihm die Kraft des Wortes geben (1 Kor 2,4), die der Herr den Propheten verleiht (Ex 4,10; Jer 1,6).
Das vom Himmel gekommene Licht ähnelt stark der Wolkensäule des Exodus (Ex 13,22) und dem Licht, das die Hirten Israels umgibt (Lk 2,9). Ist Saulus, der zum Dienst des Evangeliums berufen wird, nicht auch Hirte?
Wie Daniel im Exil (Dan 10,7) wird auch Saulus unter seinen Begleitern ausgewählt, die nicht begreifen, was ihm geschieht, obwohl sie die Stimme hören. Das läßt an das jüdische Volk denken (oder an jeden Menschen?), der die Umkehr ablehnt, obwohl die Frohe Botschaft ausgerufen wird (Röm 10,18).
Die drei Tage ohne Essen und Trinken erinnern an die drei heiligen Tage vor der Auferstehung, die Paulus zugute kommt.
Durch die Taufe empfängt Saulus den Heiligen Geist und erlangt das Augenlicht wieder, das Israel schon seit

langem verloren hatte (Jes 6,9). Er wird fähig, das Alte Testament zu verstehen (2 Kor 3,14–18) und auch die Beziehung zwischen der alten Verheißung (Lk 1,55) und Jesus Christus.

Das Ende der Gefangenschaft (Apg 16,19–39)
Lukas zieht in der Apostelgeschichte zwischen Petrus und Paulus eine ähnliche Parallele wie in seiner Kindheitsgeschichte zwischen Johannes und Jesus. Dadurch will er zeigen, daß Paulus genauso wie der bereits bekannte Petrus Apostel ist. Der vorliegende Bericht ist das Gegenstück zu Apg 12,1–9.
Das Geschehen spielt nachts (Verse 25 und 33) wie der Durchzug durch das Rote Meer (Ex 14,20). Die Leute draußen sehen nichts. Sie stellen nur ein äußeres Geschehen fest. Das Heil geschieht im Gebet und ist nicht äußerlich zu sehen. Lukas verbindet die Ausschüttung des Geistes immer mit dem Gebet (Lk 11,13).
Der Geist ist es ja gerade, der die Gefängniswände einstürzen läßt und den Menschen von seinen Ketten und Fesseln befreit (Joh 20,22–23). Gott hatte sein Volk schon aus der Sklaverei geführt „mit starker Hand und mit ausgestrecktem Arm" (Dtn 26,8) wie bei der Auflegung der Hände. Der Kerkermeister wird vom Tode errettet, den er für sich schon beschlossen hatte; das Wort des Paulus läßt ihn einhalten. Der Kerkermeister bekehrt sich. Er ruft nach dem Licht (Vers 29) und dem Heil. Er wird Diener im Sinne der Taufe, auf die in Joh 13,1–15 (Anklang an Jes 42,1) hingewiesen wird. Er wird sogleich getauft. Die Erwähnung des Mahles (Vers 34) stellt den Bezug zur Eucharistie her.

10. Matthäusevangelium

Der Erzählung von den Weisen aus dem Morgenland haben wir einen besonderen Platz eingeräumt, weil sie ein ganz spezielles literarisches Genus darstellt. Es handelt sich um einen Midrasch, die Verlängerung einer alttestamentlichen Erzählung, die auf eine dem abendländischen Menschen sehr seltsam anmutende Weise aktualisiert wird. Das, was geschieht, wird nicht in alltägliche Worte und Kommentare gekleidet, sondern in den Dekor und die Personen einer Erzählung aus dem Alten Testament. Damit will man zeigen, daß die Geschichte weitergeht und daß die Schrift noch im Begriff ist, sich zu verwirklichen.
Der Midrasch über die Weisen, der um 80 herum abgefaßt wurde, hat die Erzählung von Bileams Eselin als Hintergrund (Num Kap. 22 bis 24). Der Weise Bileam kündigt einen Stern an. Zur damaligen Zeit glaubte man, bei jeder neuen Geburt erschiene ein Stern am Himmel. Der Aufgang eines großen Sternes (Num 24,17) bedeutet also die Geburt eines Königs wie in Jes 14,12. Der Sinn der Erzählung ist klar: Der verheißene König ist geboren, Jesus Christus ist es.
Unter dem Einfluß der Liturgie wurden die Weisen oft als „Könige" bezeichnet. Wir hören ja oft den großartigen Text von Jesaja 60, der eine gute Ergänzung zu den Spruchreden Bileams darstellt.
Aber haben die Weisen wirklich gelebt? Sicher ja, aber nicht wie beschrieben. Welche wirklichen Personen stehen hinter der symbolischen Einkleidung? Die Menschen der ganzen Welt, die sich seit Mitte des ersten Jahrhunderts in großer Zahl zu Jesus Christus bekehrten. Sie verehren ihn mit Gold, Myrrhe und Weihrauch. Mit anderen Worten, die Weisen, das sind wir.
Wir haben zwar das Kind Jesus nicht gesehen. Dafür sind wir Zeugen des „Erstgeborenen" unter den Toten, Zeugen des Auferstandenen. Der Stern über Bethlehem ist kein anderer als der „strahlende Morgenstern" (Offb 22,16), die Sonne des Ostermorgens (Lk 1,78), das Feuer der Osternacht.
Wir mußten durch Jerusalem gehen und die Stadt hinter uns lassen, d. h. die Juden, um den Messias zu entdecken. Wenn wir fähig geworden sind, aus eigenen Kräften den Auferstandenen zu schauen, dann brauchen wir diesen Umweg nicht mehr zu nehmen. Jesus Christus erfüllt die Schriften ganz und gar (Mt 5,17).

Nachbemerkung

Die hier angebotenen Texte sollen vornehmlich der außerschulischen Katechese dienen. Im Unterschied zur historisch-kritischen Auslegung, die gegenwärtig selbst in den Schulbüchern vorherrscht, wird hier eine geistliche, typologische, manchmal auch allegorische Auslegung vorgeschlagen, die den Gesamttext von AT und NT beizieht und an die Kirchenväter mahnt. Der historische Jesus ist nicht getrennt vom Christus des Glaubens. Er soll gesehen werden als der neue Mose, Elija, David; Exodus entspricht der Erlösung, die drei Leidensweissagungen stehen in Beziehung mit dem dreimaligen Untertauchen bei der Taufe. In solch typologischem Sinn ist das Evangelium als ganzes Gleichnis und Gebet in einem.